学汉语分级读物

白蛇传
Báishé Zhuàn

第1级 民间故事

陈贤纯 编著

北京语言大学出版社
BEIJING LANGUAGE AND CULTURE
UNIVERSITY PRESS

千百年来,

中国民间流传着很多有意思的故事,

它们让中国的文学和文化更加生动、多彩!

编写说明

这是什么书？

这是为学汉语的人写的、课外读的书，有民间故事、文学故事、历史故事三个部分，一共有 50 本。

谁读这些书呢？

第一，学汉语的外国人。第二，生活在海外的华人子女。第三，中国国内学汉语的少数民族学生，甚至包括中国的小学生。

这些书有意思吗？难不难？

1. 这些书讲的故事很有意思，有很多中国文化的内容。你们在学习汉语的同时，也能了解中国文化。

2. 故事很容易懂。

我们把这些书分为三个等级：

级别	内容	册数	汉字量
第 1 级	民间故事	10 本	500 字
第 2 级	文学故事	20 本	800 字
第 3 级	历史故事	20 本	1200 字

第 1 级是最容易的，10 本书都是中国的民间故事。只要认识 500 个最常用的字，不用查词典，就能轻松读懂这 10 本书。

第 2 级有 20 本书，都是中国古代最有名的小说，认识 800 个汉字的人可以读懂。小说本来是很难的，可是我们讲得很简单、很容易懂。

第3级也有20本，认识1200个汉字的人可以读懂。这里讲的历史故事最早发生在2000多年前。为什么给你们看过去的故事？因为文化是从过去来的，看看2000多年前的故事，才能真正知道中国人现在为什么这样想、为什么这样做。

每一本书都只有很少的字比较难，这些字有拼音、有插图、有说明，可以帮助你们读懂。

3. 每一本书都只有2~3万字，很快就可以读完一本，阅读会成为一件轻松、快乐的事。

4. 这套书一共有50本，很多，内容很丰富。如果读完这50本书，你们不但能了解中国文化，而且再也不会觉得中文难读懂了。

怎么样？快打开书，读一读这些有意思的故事吧！

主要人物

Bái niángzǐ
白娘子

原是一条白蛇，经过两千年修炼，变成了人，有神通。

Xiǎoqīng
小青

原来是一条青蛇，经过一千多年修炼，变成了人，有神通。

Xǔ Xiān
许仙

杭州的一个年轻人。

Fǎhǎi
法海

一个老和尚,有神通。

故事简介

　　一个善良的小男孩儿救了一条白蛇。两千多年后，这条白蛇经过修炼变成了一个年轻姑娘，名叫白素贞。小男孩儿经过很多次转世以后，名叫许仙。白素贞好不容易才找到了许仙，他们结了婚，还生了一个孩子。可是是什么原因，让白素贞刚刚生下孩子就被抓住、困在了雷峰塔的底下呢？

目 录

- 姻缘（yīnyuán）/ 1
- 西湖 / 11
- 库银（kù yín）/ 27
- 结亲 / 43
- 酒变 / 55
- 水漫（màn）金（jīn）山 / 69
- 雷峰塔（Léifēng Tǎ）/ 81
- 生词表 / 94
- 附录：第一级 500 字表 / 98

姻缘
yīnyuán

《白蛇(shé)传(zhuàn)》的故事在中国差不多人人都知道。故事说的是八百年以前的事，不过可以肯定，这不是真的事情，只是一个神话(shénhuà)。

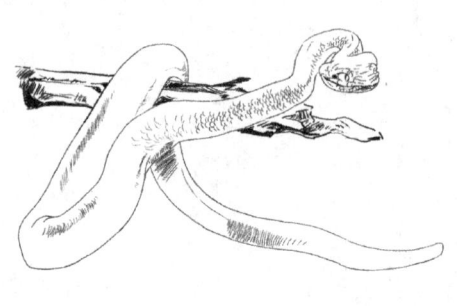

蛇 shé

在中国神话中，人能够成为神仙(shénxiān)，不过要经过很长时间修炼(xiūliàn)才行。

神仙是什么人？

神仙是生活在天上的人，他们有各种各样我们想不到的能力，比如说他们能长生不老，能飞，能知道以后的事情，等等。

人经过修炼，也能得到这些能力，人们把这种能力叫作神通(shéntōng)。

怎么修炼呢？听说有很多方法，主要是静坐，在静坐中使自己进入一个新的天地。

当然，修炼是很不容易的，要有好老师，还要自己有天分。所以能修炼成的人非常非常少。

传　zhuàn　故事。《白蛇传》就是"白蛇的故事"。
神话　shénhuà　神仙的故事。
修炼　xiūliàn　要成为神仙必须做的各种练习，比如静坐等。
神通　shéntōng　有神仙那样的能力。

白蛇传

有些动物（dòngwù），比如蛇和狐狸（húli），经过长时间修炼，也能得到特别的能力，也会有神通。它们能变成人的样子。

狐狸 húli

动物虽然有可能得到神通，但它们很可能是坏的，会做坏事，成为妖怪（yāoguài），来危害人，有的还会吃人。只有极少数好的才能成为神仙。

我们这个故事里说的白娘子，是一条蛇，一条白蛇。

两千多年前，它刚出生不久，就遇到了危险。有一天，它在树林里找东西吃的时候，被一个老人抓住了。老人把它高高地举起，准备摔死它。这小白蛇，眼看着就要死了。

老人身边有一个骑在牛背（bèi）上的小男孩儿，这男孩儿说："爷爷（yéye），您别摔死它，放了它吧！"

"为什么？"老人说。

"这不是一条毒蛇（dú shé）。"那小男孩儿说。

"是吗？"老人抬头看了看这条小白蛇，这真的不是一条毒蛇。

动物 dòngwù 猪、狗、牛、羊、狐狸、鸡、蛇等都是动物。
妖怪 yāoguài 坏的动物有神通以后，会变成妖怪，会害人，会吃人，身上有妖气。
毒蛇 dú shé 被毒蛇咬了，就会死。

老人想摔死这条蛇，是因为以前他被毒蛇咬（yǎo）过。这条蛇没有毒，那么摔死它干什么呢？所以，他把蛇放在草地上，让它走了。

那骑在牛背上的小男孩儿对小白蛇说："到山里去吧，外边太危险。"

那个小男孩儿骑在牛背上干什么？

南方的牛是水牛，是用来帮助农民干活儿的。牛不干活儿的时候，农民就让小孩儿带着牛到外边吃草、休息。水牛这么高大，一个孩子骑在背上一点儿也不会觉得累，所以很多小孩儿都会爬上去，骑在牛背上。

这条小白蛇得救了，它很感谢这个骑在牛背上的小男孩儿。外边真的太危险，于是它进了山。

后来，小白蛇长成了大白蛇。两千年过去了，它没有死，不但没有死，经过修炼它得到了特别的能力，有了神通。它能够变成一个人，变成一个女人，是一个非常漂亮的年轻姑娘。当她变成人的时候，穿着白色的衣服。她给自己起的名字叫白素（sù）贞（zhēn）。可是在这个故事中，人们都喜欢叫她白娘子。

在两千年的修炼中，她常常想起那个骑在牛背上的小男孩儿。她很感谢这个小孩儿，决心像那小孩儿那样，有爱心，不去危害别人。因为这一点好的想法，她没有成为妖怪。在她得到了各种神通以后，也没有危害过别人。

咬　yǎo　上下牙齿用力合起来。

白娘子的神通越来越大了。她能够非常快地从山里飞到人住的地方。她常常变成人，飞到城里去。她在人多的地方走来走去，想找到那个骑在牛背上的小男孩儿，想看一看他现在怎么样了，想跟他做朋友。

　　当然她找不到。因为那个小男孩儿长大了，慢慢变老，后来就死了。可是白娘子不知道，她还是常常到人间去。

　　去的次数多了，她慢慢地知道了，人喜欢在一起生活，每一个人都有家。于是她也想要有一个家，像人一样夫妻相爱。她有了越来越多人的感情，越来越像一个真正的人了。她努力学习人的生活，也喜欢把自己当作人，再也不愿意变回蛇的样子。

　　后来她有了一个朋友，这个朋友原来也是一条蛇，一条青（qīng）蛇。青就是绿色。这条青蛇也已经修炼了上千年，能够变成人了。有一天，当青蛇正在山里静坐修炼的时候，忽然从天上飞下来一只很大的鹰（yīng），要把青蛇吃掉。

鹰 yīng

　　那时候白娘子正好从那儿经过，她打走了那只鹰，救下了青蛇。

　　青蛇感谢白娘子救了自己，从那以后她们就成了

白蛇传

朋友。那青蛇变成人的时候也是一个漂亮的姑娘。不过她喜欢穿青色的衣服,也就是绿色的衣服。它变成人的时候,人们叫她小青。

白娘子和小青在一起修炼,她们只要再修炼一千年,不做坏事,就能成为神仙。

可是白娘子向往人间,她想去找那个牛背上的小男孩儿。她总是想,要不是这小男孩儿救她,她早就死了,不可能有今天,所以她想去感谢他。

她老是觉得那牛背上的小男孩儿跟自己有一种关系,每次想起这种关系都让她觉得很幸福。虽然她现在有了神通,可是还是找不到他,不知道他在哪里。

在她修炼的山上,有一块大石(shí)头,站在那块大石头上,可以看见很远很远的地方。有一天白娘子站在那块石头上远望,心里觉得很烦恼(fánnǎo)。

忽然从天空的云(yún)中,飞下来一些云。她抬头看时,一个神仙已经站在她的面前。

白娘子以前多次见过这个神仙,每次都是在她修炼觉得不行的时候,来告诉她怎么修炼。所以白娘子把他当作自己的老师,叫他师父。

白娘子赶紧向老师问好。

"你最近凡(fán)心越来越重了,这对修炼很不好呀。"神仙说。

烦恼 fánnǎo 有了麻烦的事,但是没有办法,不知道应该怎么办。

"凡心"就是一般人的思想和感情。比如"爱情"和"烦恼"等等，这样的感情神仙是不会有的。

"是的，师父。我老是想那个骑在牛背上的小男孩儿，可是总也找不到他，心里觉得很烦恼。"白娘子把自己的烦恼说了出来。

"生命（mìng）是轮（lún）回的，那个小男孩儿早就不在了。"神仙说。

"轮回是什么意思？"白娘子问。

"一个人活几十年就死了，死了以后他们会转世（shì），再一次来到这个世界（shìjiè）。如果他们没有做什么坏事，转世生出来的时候仍然是人。如果他们做了坏事，转世就可能成为一只鸡，或一头牛什么的。"神仙说。

"是这样啊。"白娘子明白了，她为什么找不到那个小男孩儿。她说："他那么好，转世一定仍然是一个人。"

"对。他已经转世很多次了。"

"他现在在哪儿？我可以去找他吗？"

"看来你必须完成这个姻缘（yīnyuán），要不然就修炼不下去了。"神仙说。

生命　shēngmìng　活着的东西都有生命，会生，也会死。
轮回　lúnhuí　生出来以后会死，死了以后又生出来，像车轮一样，不停地来回。也叫转世。
世界　shìjiè　人生活的地方是一个世界。神仙生活的地方是另一个世界。
姻缘　yīnyuán　关于婚姻关系的可能，两个人能不能结婚。也说"缘分"。

白蛇传

"请师父告诉我怎么办。"

"这样，我告诉你怎么找他。你跟他有夫妻缘分。"

"真的吗？"白娘子心里很高兴。

"他现在在杭州（Hángzhōu）。你只要把一只眼闭起来，另（lìng）一只眼张开一点儿，好像看，又好像没看，这样就能看见他的前生。"

"谢谢师父。"白娘子说。

"你们现在还没有修炼成神仙，身上仍然有妖（yāo）气，必须吃了这种药才行，要不然对人有害。到了人间，你们要多做好事，不可以做坏事。如果做了坏事就一定会受（shòu）到惩罚（chéngfá）。"神仙说着拿出药来。

白娘子接过药，说："我明白了，多谢师父。"

"这个姻缘完了以后，再回来修炼。"神仙师父说。

"是，我会听师父的话。"白娘子说。

白娘子再看时，师父已经不见了。她知道师父已经回去了，就急忙回到自己修炼的地方。

小青仍然在静坐修炼，刚才她没有发觉白娘子出去了。白娘子回来的时候搞出了一些声音，小青听见了。小青听见了声音就不再静坐修炼，转过头来跟白娘子说：

杭州　Hángzhōu　位于现在的浙江省。
另　lìng　两个中的第二个。
受惩罚　shòu chéngfá　做了坏事，比如杀人、偷东西等，要受惩罚，被处死或被关起来。

"姐姐刚才出去了吗?"自从白娘子救了小青以后,小青就叫她姐姐。白娘子也把小青当作自己的妹妹。

"是的。"白娘子把刚才遇到神仙的事说了一遍,说自己要到杭州去找一个人,完成姻缘,问小青去不去。

小青说:"姐姐要去,我当然跟着姐姐去。"

"好吧,那么我们就把神仙师父给的药吃了。"说着她拿出药来,分一半给小青。

说起来奇怪,吃了那药以后,她们觉得身体跟以前很不一样了。她们虽然早就有了人的身体,但是有些地方仍然跟人不一样,有神通的人能看到他们身上的妖气。吃了这药以后,她们跟真正的人差不多一样了。

西湖

八百多年前，在中国正是南宋（Nán Sòng）（1127～1279年）的时候。那时候，杭州是南宋的首都（shǒudū），城里人口很多。在杭州城的西边，有一个非常美丽（měilì）的地方，那就是西湖。那里湖水清清的，湖边树木成林，绿绿的草，红红的花。天气好的时候，风和日丽，蓝天白云，真叫人心情快乐。杭州是一个好地方，人们来到这里都以为这就是天堂（táng）。

　　在八百多年前，外地人到杭州去不容易。所以那时候在西湖边玩儿的人比现在少得多，他们大都是杭州人。

　　那一年春天，西湖边来了两位美丽的姑娘，一个穿着一身白衣，另一个穿着一身绿衣服。她们站在一棵树下，看着来来往往的人。

　　可能你已经想到了，那穿白衣的正是白娘子，那穿绿衣的就是小青。

　　"姐姐，我们已经到了杭州，去哪里找你要找的人啊？"小青问。

　　"就在这里吧，"白娘子说，"我感觉他会上这里来。"

　　"你要找的人叫什么名字？"小青又问。

　　"不知道。"

　　"那他多大年纪（jì）呢？二十岁还是三十岁？"

首都　shǒudū　一个国家的中心，最重要的城市。现在中国的首都是北京。
美丽　měilì　漂亮，好看。
天堂　tiāntáng　天上的世界。那里比地上好得多。
年纪　niánjì　有多大了。

白蛇传

"不知道。"

"他长得什么样呢?个子高不高?"

"我也不知道。"

"啊呀,什么都不知道,那怎么找啊?"小青说,"你看前面来了一个人,这个人是不是呢?"

"不是,不是。这个人已经五六十岁了,哪里会这么老?"白娘子说。

"那他后面的那个人一定是了。"小青跟白娘子开玩笑说。后边的那个人长得非常难看,小青觉得这个肯定也不是。

"当然不会是这样的,"白娘子说,"我觉得他应该是一个二十多岁的小伙(huǒ)子,长得白白净净的,中等身高。"

"要是长得很难看,你要不要呢?"小青觉得这样的事很好玩儿,就开玩笑说。

"怎么会长得很难看呢?不可能。不过,要是真的长得很难看,那也没有办法,我也得要。"白娘子虽然这样说,心里可希望他千万别长得太难看。

"那好,我们就找一个好看的。可是人家要是已经成了亲怎么办呢?"

"不是乱找,你闭上一只眼,另一只眼张开一点,看他的前世。要是他的前世是一个骑在牛背上的小男

小伙子　xiǎohuǒzi　年轻的男子。

孩儿，那就是。"

她们两个站在树下，看着来来往往的行人。可是从早到晚看了一天，所有的人都不是。第二天又看了一天，还是看不到那个骑在牛背上的小男孩儿。

小青开始没有信心了，说："姐姐，他会不会到这里来呀？说不定他在别的地方。"

"我的感觉告诉我，他一定会到这里来。"白娘子仍然很有信心，神仙师父虽然没有告诉她去哪儿找，但是她相信自己的感觉。

第三天正是清明节（jié），是扫墓（sǎo mù）的日子。那一天，人们会到已经死去的亲人墓（mù）前，把墓前后打扫干净，所以叫作扫墓。

这一天，西湖边上来来往往的人比平时多了很多。白娘子和小青仍然站在那棵树下，看着来往的行人。

到了中午过后，忽然，白娘子轻声说："来了，就是他。"

小青赶紧也闭上一点儿眼看那个人，果然他的前世是一个骑在牛背上的小男孩儿。

"姐姐，农村的小男孩儿都会骑在牛背上的，你怎么肯定就是他呢？"

清明节　Qīngmíng Jié　每年阳历的4月5日前后。
扫墓　sǎo mù　人死后埋在墓里。清明节人们会到死去的亲人墓前，把坟墓打扫干净表示想念他们。

"肯定是他,没错。这两千年里,我的脑子(nǎozi)里常常出现他的样子。"

这个骑在牛背上的小男孩儿,转世成什么人了呢?

这个人叫许仙(Xǔ Xiān),今年二十五岁。跟白娘子想的差不多,他长得白白净净的,中等身高。虽然不是美男子,但是可以说长得很不错。

许仙小时候上过学,不过在他十几岁的时候父母都死了。他有个姐姐,比他大十岁,早就结婚了。父母死后,许仙只好住在姐姐家里,跟姐姐姐夫一起过日子。从那以后许仙就没有再上学,他到一家药店学习。学完三年以后,就在这家药店做事。

每年清明节这一天,许仙都要跟姐姐姐夫一起到父母墓前去扫墓,今年也是一样。许仙父母的墓在西湖西边的山里,扫完墓回家经过西湖时,许仙跟姐姐姐夫说,时间还早,他想到西湖走走。

姐姐和姐夫回家了,他一个人来到西湖,过了断桥。

那"断桥"不是断的桥,它好好儿的,没有断,不知道杭州人为什么都叫它断桥。

"姐姐,已经找到了,我们快过去跟他说说话吧,让他知道我们正在找他。"小青说。

白娘子心想,要是没有什么事,就这样走上去跟人家说话,人家会怎么想?说不定会以为我们不是什么好人。

脑子　nǎozi　人头里能想的,就是脑子。

这么多年来，白娘子总是想找到他。可是找到以后怎么办，她没有想过。现在他越走越近，眼看着就要走过去了。

凤钗 fèng chāi

怎么办呢？

忽然她有了办法。她转过身来，也往前走，正好走在许仙的前面。走着走着，忽然她头上的凤钗（fèng chāi）掉了下来。

凤钗是什么？凤钗是古代女人戴在头发上的东西，做成一只凤凰（fènghuáng）的样子，所以叫做凤钗。

那凤钗在许仙眼前飞过，"叮当（dīngdāng）"一声，掉在他的脚边。

凤凰 fènghuáng

凤钗不是什么重的东西，掉在地上应该没有什么声音。我们前面说过，白娘子不是一般的人，她有神通。她怕许仙看不到，所以就搞出点儿声音，要让许仙听见。

叮当　dīngdāng　表示声音的词。

白蛇传

　　许仙正走着,看着路两边花红草绿的美丽风景(fēngjǐng),心里想,这西湖虽然就在杭州,可是自己平时每天都要在药店里忙,没办法出来看看,今天要不是为了扫墓请了一个假,真不知道这人间的天堂就在眼前。

　　忽然,眼前好像有什么东西飞过,接下来脚边"叮当"一声,那声音相当大,低头看时,看到了脚边有一只凤钗。

　　这是从哪里掉下来的呢?

　　许仙抬起头来看,前面一个白衣女子,正背对着自己往前走。

　　是了,一定是从这女子的头上掉下来的。看样子她还不知道自己的东西掉了,于是许仙赶紧开口叫道:

　　"前边的小姐请等一等。"

　　白娘子正等着许仙这样的话呢,所以马上就停下,转过身来,对许仙说:

　　"这位先生是叫我么?"

　　许仙一看,没想到这姑娘是一个如花一样的美女。

　　许仙平时很少跟女子来往,哪里见过这样的美女,所以不知道为什么心里一下子就慌起来。

　　"是,是……"许仙慌得忘了下面应该说什么。

　　"先生有什么事么?"白娘子问道。

风景 fēngjǐng　山水、树木很好看,就是风景。

白娘子这么一问，许仙才想起来应该说什么，说道："不是我有什么事，是你的凤钗掉了呀。"

"我的凤钗掉了吗？"白娘子用手去头上摸，"啊呀，真的掉了。"

许仙捡起地上的凤钗，递过去说："这凤钗是你的吗？"

"是我的，是我的。先生多谢你了。"白娘子说。

如果下面许仙说"不谢，不谢"，他们两个就应该说再见了。因为要说的话已经说完了。如果再说下去，没话找话，就会让人觉得别有用心了。

可是白娘子不想跟他说再见。好容易找到了他，说上了话，连名字都没有问，怎么能说再见呢？得想办法，留住他，多说说话。

有了。要是天气不好，下起雨来，就有更多的话说了。于是白娘子用起了神通，天上马上就起了黑云，小雨落了下来，越下越大。

那许仙刚刚跟白娘子说过再见，抬起脚来正要走人，忽然下雨了。

"刚才天气还好好的，怎么忽然就下雨了呢？"白娘子说。

"是啊，这天气变得真快。"许仙也觉得奇怪，他不知道这雨就是白娘子搞出来的。不过许仙事先有准

备,他带着伞(sǎn)。

在南方,清明的时候常常下雨,所以虽然出门时没有下雨,很多人也会带着伞。

许仙打开了伞。可是看见自己前面的美女没有伞,站在雨里,他觉得很不好意思。要不要把伞给她呢?他觉得很为难,如果把伞给她,自己湿了没有什么关系,可是你知道她是谁?为什么对人家那么热情?

伞 sǎn

要是跟她一起打一把伞,那就更不行了。

许仙正不知道该怎么办,那白衣的姑娘说:"小青,今天玩不成了,你去找一只船(chuán),我们坐船回家吧。"

小青答应着,说:"姐姐,这里正好有一条船,我们上船吧。"

白娘子见许仙还站着,就回过头来对许仙说:"这位先生,雨越下越大了,你还不如跟我们一起坐船回去吧。"

许仙一看,西湖边上一个人都没有了。心想,这雨看样子下起来没个完,自己虽然带着伞,可是用不了多长时间衣服就会湿,不如回家吧。所以就跟着白娘子来到船边。

白蛇传

船很小，不过船的中间有雨篷（yǔpéng）。

白娘子和小青上了船，许仙仍然站着，不知道怎么办。

他没有坐过这样的小船，心里害怕。

"上来吧。"船夫说。

许仙一只脚到了船上，小船晃（huàng）了起来。许仙以为要掉下水去了，"啊呀"一声叫了起来。船夫一把抓住他的手，把他拉上了船。

到了船上，许仙仍然脸色发白，害怕得心里乱跳，说："还好，还好，没有掉下去。"

那样子看得白娘子和小青差点儿笑出来。

"你放心，坐我的船，是不会让你掉下去的。"船夫说。

"船家，我们到对面清波（bō）门。"白娘子说。

"好的，你们都坐好了，一会儿就到。"船夫说。

白娘子对许仙说："先生，进来坐吧，外边下雨呢。"

许仙走进了雨篷。雨篷里面空间很小，只能坐下四个人。白娘子和小青已经坐在一边，另一边空着，许仙慢慢地坐了下来。

一坐下来许仙才发现，自己跟穿白衣的姑娘面对

雨篷　yǔpéng　船上用来挡雨的东西。
晃　huàng　船向两边来回动。
清波门　Qīngbō Mén　杭州的地名。

面，两个人离得那么近，互相可以感到对方的气息。面对着如花的美人，许仙的脸一下子红了起来，他长这么大，从来没有跟女子坐得这么近过。

"先生以前没有坐过船么？"还是白娘子先开了口。

"没有。这是第一次。"许仙说。

"在杭州，做买卖的人经常要坐船出门。先生不是做买卖的么？"白娘子没话找话。

"我在一家药店做事，我们那个药店的药，多数也是用船送来的。不过老板（lǎobǎn）只叫我在店里看方子抓药，没有叫我出门买过药。"许仙这时话也多了起来。

"原来先生在药店里做事，真是不简单。那么也能给人看病吧？"白娘子这么说是因为当时民间没有医院（yīyuàn），药店的老板就是大夫。人们生了病就去药店，找大夫看病，然后在药店抓药，药店就好像是医院。

"我以前学过看病，也知道什么病该吃什么药。不过，在店里一般都是老板给人看病。"许仙说。

"你看，说了半天话，还没有问先生姓什么，叫什么名字。"白娘子问。

"我姓许，叫许仙。"许仙心里对这白衣女子也有十分的好感。不知为什么，只觉得自己很愿意跟她说话，于是也问："请问，小姐大名？"

老板　lǎobǎn　这里指药店的主人。
医院　yīyuàn　看病的地方。

白蛇传

"我姓白,叫白素(sù)贞(zhēn),"白娘子转过脸来说,"这是我的妹妹小青。"

小青说:"先生刚才身上湿(shī)了吗?"

许仙摸了摸身上的衣服,说:"还好,还好。不是很湿。"再看看对面这两位,刚才她们没有打伞,可是头上、身上一点都没有湿,比自己还干。他不明白这是怎么回事。

"先生今天是来西湖玩儿的吗?"白娘子问。

"不是,今天早上跟姐姐姐夫一起去给父母扫墓,回来的时候经过西湖,就想上西湖走走。没想到刚走了一会儿就下雨了。"

他们正说着话,忽然听船夫说,清波门快要到了,雨也停了。

白娘子往外一看,果然就要到清波门了。她心里想,我们刚刚说上话,还没有说够呢。要是到了岸(àn)上,又该说再见了。

不行,还得在船上坐一会儿。于是,她又用起神通来。

只见东南风吹过来,小船离清波门越来越远了。船家不明白是怎么回事,说:"怎么回事?怎么回事?船怎么自己会走呢?从来没有见过这样的事。"

白娘子说:"船家,没事儿的,你不用着急,等一会儿我们多出一些船钱就是了。"

岸　àn　水边的地方,如河岸、海岸等。

船家没有办法，只好等风停了再说。

白娘子在船上把许仙的事情问清楚了。许仙今年二十五岁，自己没有房子，现在跟姐姐姐夫住在一起。在药店做事，虽然有吃有穿的，但是没有什么钱。

这时船又到了清波门，船夫自己先跳上了岸，然后走过来，拉住许仙，帮他跳上了岸，最后白娘子和小青也上了岸。

许仙上了岸以后，用手在自己的衣服里摸。

他摸什么呢？

船到了清波门，应该付（fù）船钱了。许仙去口袋里摸钱。

摸了半天，他发现自己没有带钱。今天一早出来扫墓，买好扫墓用的东西以后，把钱给了姐姐，现在身上一分钱也没有。许仙觉得特别不好意思，脸又变得红红的。

白娘子一看就明白了，赶紧说："先生，不要紧的，船钱我来付吧。"说着把钱给了船家。

许仙心里想，我怎么能让人家替我付钱，就说："白小姐，要不明天我把船钱给你送去。你家住什么地方？"

白娘子一听心里高兴，这样不就能常来常往了吗，正对自己的心意。可是自己和小青在杭州没有房子，前两天她们是在一个没人住的破旧房子里过的夜。白娘子

付（钱） fù (qián)　买了东西给人家钱。

白蛇传

没有多想,就把那破旧房子的地址(dìzhǐ)告诉了许仙。

他们正说着话,这时又下起了雨。这次可是真的下雨了,不是白娘子用神通搞出来的。

许仙打开伞说:"两位小姐,这把伞你们拿着吧。"

现在他已经跟她们认识(rènshi)了,他觉得自己应该把伞给她们,不能让这么漂亮的小姐站在雨里。再说,明天要到她们家还船钱,可以来拿伞。

白娘子很开心,她看出来了,许仙很有爱心,会疼人。虽然她和小青不需要伞,但是她仍然接过了伞,说:"那你自己湿了怎么办?"

许仙说:"我不要紧,一会儿就到家了。"

看着在雨中远去的许仙,白娘子心里感到很幸福。

可是,她没有想到,接着到来的不是幸福。

地址 dìzhǐ 住在哪儿。
认识 rènshi 知道他是谁。

库银

许仙走了。

小青说:"姐姐我们到哪儿去呢?"

她们两个没有家。

家,先要有房子。白娘子和小青以前习惯了在山里修炼,不知道房子重要。她们没有想过应该有自己的房子,不知道有了房子才能有一个家。所以前两天晚上,她们找了个没人住的破旧房子就过了夜。她们不去住客店(kèdiàn),是因为不知道有客店这样的地方,可以让出门在外的人过夜。

"还是去那破房子吧。"白娘子说。

这两天她们忙着去找那骑在牛背上的小男孩儿,没有想过找到他以后怎么办,现在真是该好好想一想了。

白娘子心里想,接下来当然应该成亲。可是她跟许仙不能在这破房子里成亲过日子呀。买房子要钱,成亲也要钱。现在许仙最大的难处就是没有钱。

她知道在人生活的地方,不管做什么事都要钱。可是许仙没有什么钱,她自己也没有钱。

"没有钱怎么办呢?"白娘子对自己说。

小青听了说:"姐姐,这有什么难,我出去一次就有钱了。"

她们两个都有神通,搞一点钱可以说是很容易。可那是把别人的钱,搞到自己这里来,就跟偷(tōu)差不多,这怎么行呢!

库　kù　放东西的房子,也叫库房。　库银:放在库房里的银子。

客店　kèdiàn　出门在外的人住的店。

偷　tōu　把别人的东西悄悄地拿走。

白蛇传

"小青,我们可不能那样做,"白娘子说,"人家家里有老有小,不容易。你把钱拿走了,人家怎么活呀?那还可能是人家看病、买药的钱呢。"

"姐姐你放心,这样的钱我当然不会拿。我拿有钱人家的钱。"小青说。

"神仙师父对我说过,到人间来要多做好事,不要做坏事,要是做了坏事,就会受(shòu)惩罚(chéngfá)。拿有钱人家的钱也不行。"白娘子说。

"那怎么办呢?我们自己又没有钱。"小青也没有办法了。

她们两个在那破房子里烦恼。

前两天她们也烦恼,那是因为找不到那骑在牛背上的小男孩儿。今天许仙找到了,可是又要为钱烦恼。想不到人世间有那么多叫人烦恼的事。

"姐姐,我想起来了。昨天晚上我飞过一个地方,看到那房子里有很多很多大块银子(yínzi)。"小青说。

中国古代没有纸的钱,把银子做成一块一块的作为钱。所以银子就是钱,银子以"两"为的单位,一两银子是三十七点五克(37.5g)。除了银子以外,还有铜钱(tóngqián)。

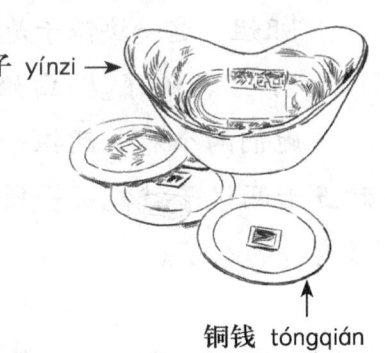

银子 yínzi

铜钱 tóngqián

一两银子大概是一千个铜钱。

那时候老百姓手里的银子是很少的,一个地方官（guān）,一年的工资只有四十五两银子。

"你看到的那么多银子是谁的呢？"白娘子问。

"那银子是官府（guānfǔ）的。"

"官府怎么会有那么多银子？"白娘子说。

"我听说,人世间有很多坏官,说不定那都是从老百姓那里抢来的钱,"小青说,"那样的银子拿几块有什么关系！"

白娘子想来想去,除了拿那儿的银子,真的是想不出别的办法了。于是就说:"那好吧,我们只好先从那儿拿几块银子了,等以后我们有了钱就还他们。"

"姐姐,这事儿交给我,你别去了。"小青说。

"好吧,你不要拿得太多,早去早回。"白娘子说。

小青答应着,走出门来,一转身就不见了。过了一会儿,她就回来了,手里拿着一个包。她把包打开说:

"姐姐,这一块银子是五十两,一共十块。我想够了。"

"够了,够了。"白娘子说。

她们两个对一两银子能买多少东西不是很清楚。当时五十两银子就能买一所房子,五百两银子已经是一个很有钱的人了。

地方官　dìfāng guān　在一个地方管老百姓的人。
官府　guānfǔ　地方官工作的地方。

白蛇传

可是，这官府库（kù）房的银子跟别处的银子不一样，每一块银子上面都有官府的记号（jìhào）。只要拿出来花，别人一看就知道，这银子是从官府偷来的，被抓住了就是死罪（sǐzuì）。

小青和白娘子都不知道这个，所以一下子找了大麻烦。

我们再说那许仙，他回到家里以后老是想着白娘子。他以前从来没有见过这样的美人，总以为美人们都很高贵，高高在上，肯定看不起自己这样的人。可是今天这白娘子那么和气，平易近人，不但没有看不起自己，还很愿意接近自己，看起来她对自己很有好感。

于是他开始想，那白娘子还没有嫁（jià）人，自己有没有可能呢？要是她愿意嫁给自己……想到这里，他一下子感到脸发热，心跳得很快。不过，他马上就冷静下来，知道这不可能。

于是，他自己对自己说：许仙，你在药店做事，一年也没有多少钱，怎么娶（qǔ）得起这样的妻子呢？你有这样的想法，真是自找烦恼。

话虽这样说，可是许仙还是忘不了白娘子。第二天在药店，哪里有心思干活儿呢，好容易等到天快黑

记号　jìhào　有一个很特别的地方，可以看出跟别人的不一样。
死罪　sǐzuì　罪，做了坏事就有罪。死罪是做了特别大的坏事，要受到死的惩罚。
嫁　jià　女子结婚就是"嫁"。
娶　qǔ　男子结婚就是"娶"。

了，药店一关门，就急急忙忙去找白娘子。

他拿着白娘子告诉他的地址，去那地方找。可是问来问去，没有一个人知道。正在不知道怎么办的时候，忽然看见白娘子的妹妹小青从东边走来。许仙赶紧走上前去问道："小姐你们住在哪里？"

"先生，你跟我来。"小青说。

许仙跟着小青转过几个路口，没走多少路，小青就说："到了，就是这里。"

许仙抬头看时，见是一所楼房，前面是大门。走进大门，穿过一个院子(yuànzi)，才来到正面的屋子。屋子的正中间有一张山水画，画的两边是名人写的字。屋里点着灯，亮亮的，红木桌椅干干净净。许仙知道这是一个有钱的人家。

白娘子和小青不是在一所没人住的破房子里吗？她们什么时候搬到别的地方了？

她们没有搬到别的地方，这仍然是一所破房子，只不过她们能用神通，让别人看起来这是一所干干净净漂漂亮亮的好房子。

白娘子走出来说："啊呀，许先生来了。我们这个地方不太好找。"

许仙说："刚才我打听了半天也没有打听到，要不是你妹妹带着，真的找不到。"

院子　yuànzi　进大门以后，房屋前面的一块地方。

说着从口袋里摸出几个铜钱来，递给白娘子说："这是昨天的船钱，多谢白小姐昨天替我付了。"

白娘子说："你怎么还提这事呢，这几个钱没什么的。"

不过，白娘子还是接过了许仙递过来的铜钱，说："许先生吃过晚饭了没有？"

"还没有呢，我一出药店门就来这儿了。"许仙说。

"我们也没吃晚饭呢，你在这儿跟我们一起吃吧。"

"不，不。那太麻烦你们了。"许仙说。

一般的习惯，如果两个人不是很好的朋友，是不会留下来吃饭的。

"晚饭已经做好了，不麻烦的。要不然等你回到家，你姐姐姐夫一定已经吃过了，不如在这里吃一点吧，不要说我们的饭菜不好就行。"白娘子说。

虽说刚见了两次面就留下来吃饭不太好，不过许仙真的非常愿意跟白娘子在一起。要是就这样回去了，以后不知道什么时候才会再跟她见面呢！说真的，要是天天能跟白娘子在一起吃饭才好呢。所以许仙没有再说什么，跟着白娘子走进了吃饭的屋子。

饭菜已经放在桌子上了。谁做的饭呢？

白娘子和小青当然都不会做饭，她们从来也没有做过饭。这饭菜是小青从饭店买来的。买一些饭菜不需要很多钱，以前她们来人间时还有一些银子没花完，这几天花花够了。

白蛇传

　　她们在山中修炼的时候，吃过一次以后，可以很多天不吃饭，不像人那么麻烦，每天要吃三顿（dùn）饭。

　　许仙当然不知道这些，坐下来跟两个美人一起吃饭。他发现这两位美人拿筷子（kuàizi）都不太行，筷子上的菜常常掉下来，那样子就好像小孩儿吃饭。不过这没有什么，在饭桌上他们说说笑笑吃得很快乐。

　　吃完饭，许仙说："多谢两位小姐。时间不早了，我该回去了。"

　　白娘子说："那好吧。不过许先生，你的雨伞（sǎn）今天被我的一个朋友借走了，今天没办法还你了。麻烦你明天再来一次吧。"

　　那把伞就在后边放着呢，没有被人借走，白娘子她们也没有朋友。白娘子是不想这么快就把伞还给许仙，要不然怎么让许仙再来呢？

　　许仙赶紧说："没事儿，没事儿。我明天再来吧。"他正在想以后怎么能再来呢，伞要是每天都在这里放着，那正好，他每天都可以来了。

　　就这样，那几天他们来来往往，关系越来越好。白娘子想等许仙开口求婚（qiú hūn）。

　　可是这几天看下来，那许仙不敢（gǎn）求婚，所

顿　dùn　量词。
筷子　kuàizi　中国人吃饭用筷子。
求婚　qiú hūn　提出来希望跟对方结婚。
不敢　bù gǎn　害怕。

以那天晚上白娘子就自己说了：

"许先生，我们姐妹父母早就不在了，婚姻（hūnyīn）的事没有人给我们做主，只能我自己来说了。这几天我们相处得很快乐，想必我们是有这个缘分。先生你为什么不找一个人来说亲，我们做一对夫妻呢？"

许仙听了心中欢喜，这几天这件事不知想过多少遍了，可是因为自己地位低下，没有什么钱，求婚的话不敢说出口。所以就说："谢谢白小姐这样看得起我，在我看来，你就像是一位仙女，太高贵太美丽。我真不敢有这样的想法。现在白小姐亲自提起，让我觉得十分不好意思。"

"难道你心中不愿意么？"白娘子说。

"不是。我心中虽然千万个愿意，可是我家中没有什么钱，哪里有钱来把你娶进门呢？"

白娘子道："这个容易，你不用着急。"

说着，白娘子叫小青拿银子过来。只见小青从楼上走下来。把一大块银子放在她面前。

"我这里有五十两银子你先拿去。以后需要花钱的时候我这里还有。"白娘子说着把银子包好，递给许仙。

许仙接过银子，心里想自己不知道哪里来的福气，能遇到这样的好事。他心中很是感动，拿好银子跟白娘子告别了，一路上想着回家以后怎么来办这件事。

婚姻　hūnyīn　结婚的事。

白蛇传

许仙回到家中，姐姐心中觉得奇怪。这几天许仙都不在家中吃晚饭，每次回来以后，看起来心情那么好，以前可从来没有这样过。他到哪里去了，去干什么了呢？所以姐姐就问："你怎么又不在家里吃晚饭呢？"

许仙见姐姐问起，就把白娘子的事说了，请姐姐做主，找一个人去提亲。

姐姐听了心中也是欢喜。眼看着弟弟长大了，今年已经二十五岁，到了该成家的年纪，自己正在为这事着急。可是再一想，又烦恼起来。许仙在药店做事，每个月没多少钱。娶亲的事没有钱怎么行！

许仙知道姐姐在想什么，就说："姐姐不用着急，我这里有五十两银子，先拿去用，这些钱应该够了。以后，还要找一所房子，买不下来，我们也可以租（zū）。"

姐姐接过银子，高兴地说道："那好，这事姐姐我来办。"

许仙的姐夫叫李用，在衙门（yámen）做事。用现在的话说，他是一名警察（jǐngchá）。这几天因为衙门里有事，每天都回家很晚。

第二天姐姐起床以后，把许仙的事跟丈夫说了。李用心里想，许仙每个月的钱不多，这几年怎么会有五十两银子？于是就说："你拿银子来我看。"

租　zū　每个月付钱，住别人的房子。
衙门　yámen　就是官府，警察办公的地方。
警察　jǐngchá　官府里抓小偷、抓坏人的人。

妻子把银子递给丈夫，李用把银子拿在手里，看了一眼，就说："不好。你把许仙找来，他这银子是从哪里来的？"

许仙的姐姐问："是什么事这么急？"

李用说："几天前，官府的库房里少了十块大银，每块都是五十两。这银子丢得奇怪，库房的门窗都没有动过，库房里又没有别的地方可以进出，这银子是怎么丢的呢？衙门里上上下下这么多人，没有一个能想得明白。"

"官府正要叫我们去抓偷银子的人。我看这块银子上的记号，跟官府丢的银子完全一样，可见这就是官府丢的银子了。要是知道偷银子的人是谁，不去告诉官府，我们全家都得死。"

许仙的姐姐很害怕，不知怎么办好。李用说："你去把许仙找来，让他赶快去官府自首（zìshǒu），要不然连我们都得死。"

许仙来了，他不相信那银子是偷来的。可是不管他怎么说，李用听都不听，拉着他马上到官府自首。

库房里丢了五百两银子，当官的当然要受惩罚。可是库房连门都没打开过，上哪儿去找那偷银子的人呢？杭州知府（zhīfǔ）正在为这件着急，忽然见李用带着一个人来自首。

自首　zìshǒu　自己到官府去，告诉自己做了什么坏事。
知府　zhīfǔ　杭州的地方官。

白蛇传

他拿过那银子来，一看银子上的记号，心中大喜，那正是库房丢的银子。于是，他大声地对许仙说道："还有九块银子在哪里？快说。"

这时候许仙才知道，这银子真是偷来的。他心里害怕，就把银子是怎么得到的说了出来。

"那白娘子住在什么地方？"知府问道。

"住在三桥绿树街。"许仙说。

知府马上叫来衙门里的十几个人，让许仙带着，前往绿树街抓人。

白娘子正在屋里站着，忽然觉得心慌。觉得可能出了什么事，就赶紧坐下来静想。这才知道许仙被衙门抓了，是那银子出了事。她心中非常后悔（hòuhuǐ），因为自己做事不小心，结果许仙被官府抓了起来，想想真是对不起许仙。

可是事情已经这样，怎么办呢？她一时又想不出办法来帮许仙，只好跟小青一起离开那所房子，看看以后会怎么样。

衙门的一帮人带着许仙来到那所房子跟前，见那房子已经很破旧，大门关着，门前长着草。这房子不像有人住的样子。他们找到几个邻居（línjū）来问，邻居们都说："这房子五六年前有人住，后来这一家人都得病死

后悔　hòuhuǐ　觉得自己做错了，不应该那样做。
邻居　línjū　住在这家附近的人家。

了。从那以后就没人住了,没有听说过有什么白娘子。"

衙门的人心中觉得奇怪。于是推开大门,看到院子里的草更多。屋子的门开着,里面虽有些桌椅,但是都已经坏了。这地方肯定是很久没有人住了。怎么会是这里?大家都看着许仙。

许仙心中更是奇怪:"明明就是这里呀,自己来过很多次,怎么会这样呢?"他一点都想不明白是怎么回事。

人们在楼下的房间里到处找,什么也没有找到。许仙忽然想起来了,那银子是从楼上拿下来的。

大家望着楼上,你看我,我看你,谁也不敢上楼。过了好长时间,听楼上静静的,好像没有人,有一个人说:"跟我来!"

大家到了楼上。楼上是睡觉的地方,放着床和桌椅。有一个人一下子就看到了桌子上放着一些银子。跑过去一看,正好是九块,也都有官府的印记。

十块丢了的银子都找到了,大家心中欢喜,回到衙门,对知府说,那小偷已经逃走了。

这件事这么快就有了结果,知府心里高兴。

他心里想,这件事这么奇怪,一定是妖怪偷的。要不是李用带着许仙来自首,我上哪里去找这丢掉的银子?

李用有功(gōng),奖(jiǎng)了他二十两银子。许

有功 yǒu gōng 一件事做得好,做事的人就有功。
奖 jiǎng 因为有功或做得好,所以就给他一些钱,这就是奖。

白蛇传

仙虽然有罪（zuì），但是能够自首，所以罪比较轻。不用坐牢（láo）了，就流放到镇江（Zhènjiāng）吧。

流放就是让有罪的人到外地去，在外地的牢里去做工。不过，如果肯花一些钱，人就可以出来，用不着在牢里。只要过了两年，许仙就可以回杭州。

那镇江也是一个大地方，离杭州又不远。这样的结果，对许仙来说已经是不幸中的万幸了。

许仙心中十分气恼，原来，日子过得好好的，现在却要去坐牢。那一天告别了姐夫姐姐，两个衙门里的人带着他，下了船离开杭州，往镇江去。

李用把官府奖给他的二十两银子给了许仙，还给一位朋友写了信，让他帮忙。许仙那家药店的老板也写信，给一位在镇江开药店的朋友，让他帮忙在镇江给许仙找个事做。

许仙来到镇江，上上下下花了一些钱，所以不需要到牢里去做工，仍然在药店做事。只是地方不一样了，从杭州到了镇江。

牢　láo　有罪的人被抓住了，就放在牢里，关起来，这就叫作坐牢。

结亲

再说白娘子。做了这样的错事，害得许仙要坐牢，心里十分难过。心想，那许仙必定恨自己，自己还有什么脸面再去见许仙呢？

"姐姐，这件事都怪我。"小青现在也很后悔，她想帮忙，可是没有帮好，害得许仙要到镇江去坐牢。

"小青，这件事不怪你，都是我的错，"白娘子对小青说，"我们到人间来，对人间的事不太知道，才出了这样的事。今后应该小心才是。"

小青说："姐姐，后悔的话就不必说了，现在要紧的是快想办法来帮许仙。"

小青说的对，可是她们两个想来想去也没有想出什么好办法，只好一路上悄悄地跟着许仙来到镇江。

到了镇江，白娘子看到许仙没有坐牢，才放下心来。这次她和小青知道了应该先有一个家，所以就不再住破房子，她们租了一间房子先住了下来。

两个人把今后要做的事想了一遍，觉得最大的难处仍然是钱。在人世间，没有钱就不能办事。

这次白娘子忽然有办法了，像上次那样偷银子当然不行。她可以向有钱人借，用不着借很多，借一百两银子就够了。

你可能会说，谁愿意把钱借给她呢？人家又不认识她。

她们有神通，不需要人家同意，到时候还钱就行了。

她和小青决定再去杭州，杭州有钱人多，办这样的事比较容易。她们能够非常快地飞行，去杭州一会儿就到了。

白蛇传

夜色中,她们在杭州上空转了一转。杭州的大官和有钱人真多,他们看到了一个姓张的大官家。这家有一个银库,里面放着很多银子。银库有好几道门,都上着锁(suǒ),钥匙(yàoshi)只在那大官一个人身上。

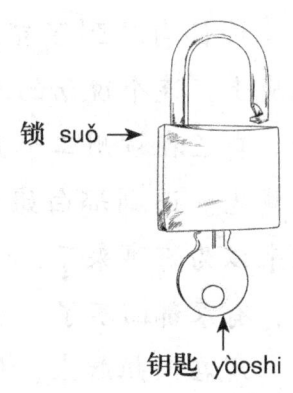

锁 suǒ

钥匙 yàoshi

她们拿走了一百两小块的银子,留下了一张借条:

张大官:

我们向你借一百两银子,一年以后一定还你。请你把这张借条留在这里,我们还了银子就把借条拿走。

不要以为是你身边的人拿了银子,这事儿跟他们没有关系。

那姓张的大官不是每天都去银库的。过了一些日子,他又从外边搞来好多银子往里面放时,才发现了这张纸条。他拿着纸条看来看去,这张借条真是很奇怪,没名没姓,也没有写日子。银库的这几道门都锁得好好的,这些日子他没有把钥匙给过别人,借钱的人是怎么进来的呢?

银库里是不是少了一百两银子,他搞不清楚。他的钱太多,这里的银子有多少他自己也说不清楚。他心里想,那就把这张纸条留在这儿吧,看看一年以后会发生什么。

许仙自从到了镇江,日子过得很孤单(gūdān)。每到晚上,连个说话的人都没有。他常常想起在杭州的日子。自己在杭州二十五年,日子过得平平常常,没有什么意思。遇到那白娘子以后,忽然觉得日子不一样了。原来以为好事来了,没想到被官府抓了起来,流放到镇江,有家都回不了。

现在回想起来,仍然能够感觉到白娘子对自己是真心的。她对自己有情有义,看起来不像是要害我。可是她怎么会去偷官银呢?她住的地方明明是干干净净的,怎么会变成破旧的房子呢?有很多地方他都想不明白。

每当想起白娘子的美丽样子,许仙仍然会心里乱跳。他仍然想她,不知道她和小青现在在哪里。

镇江在长江(jiāng)边上。长江是中国的第一大河,站在江的这边,看不到对面。许仙有时候心里烦恼,就会到江边走一走。

有一天,他爬上江边的山,看着长江。那一天刚刚下过雨,没想到他脚下一滑(huá),忽然掉下山去。

许仙心里想,完了,从这么高的地方掉下去,没有被摔死,掉到江里也会死。他"啊"的一声叫起来,还没掉到地上,就什么都不知道了。

孤单　gūdān　只有一个人,没有朋友和亲人,连说话的人都没有。
长江　Cháng Jiāng　中国最长最大的河。
滑　huá　地上有水,脚站不住,会摔倒。

白蛇传

忽然一道白光（guāng）过来，那许仙就不见了。

当许仙醒来，张开眼的时候，发现自己躺在床上，旁边坐着白娘子。

他心里想，自己刚才好像是摔下了山，已经摔死了。怎么会躺在床上，难道那白娘子也不是人吗？

"这是什么地方？我死了吗？"许仙问。

"你醒了？这是我和小青的家。"白娘子高兴地说，"你没有死，你身上有几个地方受伤（shòu shāng）了，我已经替你上过药，现在还疼吗？"

许仙这才觉得自己腿上和手上有的地方有点疼。

"是你救的我吗？"许仙说，"谢谢你。"

那白娘子听了，眼泪（yǎnlèi）掉了下来，说："是我把你害得这样，我应该先跟你说对不起才对。"

许仙看到白娘子难过的样子，知道她不是想害自己，就问："那银子你是从哪里来的呢？"

白娘子只好说："我也是向一个朋友借来的，当时我没有看，谁知道他借给我的是这样的银子。"

这样的话真是没有人会相信。许仙听了以后，接着又问道："你们住的地方怎么会变成一所没人住的破房子呢？"

光　guāng　太阳有光，灯有光。有光就能看见东西。
受伤　shòu shāng　身体有些地方破了，很疼。
眼泪　yǎnlèi　哭的时候，眼里流出的水。

这个真没有办法回答。好在白娘子知道许仙会这样问，所以早就想好了怎么回答。她准备说真话，所以就说：

"我和小青不是普通（pǔtōng）人，我们有神通，能把破房子变得看起来像新的。"

许仙听了坐起来，张大了眼，不相信自己听到的，说："那么，这里的房子也是你们变的吗？"

"不是，不是。这里是我们租的房子。在杭州的时候我们没有租房子，只好在那里住一下。"白娘子赶紧说。

许仙看着白娘子，心里想她和小青真的不像普通人，就说："怪不得呢，你们看起来那么高贵美丽，我觉得你们像是神仙。"

白娘子心里想，我还是说真话，不要冒充（màochōng）神仙，就说："难得你这么高看我们，我们两个正在修炼，但还不是神仙，我的师父是神仙。"

许仙心里仍然不明白，说："你为什么会看上我这样一个普通人呢？"

"很多世以前，你救过我，我非常感谢你，所以有了这一世的姻缘（yīnyuán）。"白娘子说的这些都是真话，不过她没有说自己是一条蛇，她知道人很害怕蛇，许仙要是知道了，肯定不会跟自己在一起。

普通　pǔtōng　一般的，平常的，没什么特别的。
冒充　màochōng　用假的当真的。不是神仙，说自己是神仙，就是冒充。

所有奇怪的事情都得到了回答，许仙又回到今天的事，说："我从山上掉下去的时候，以为自己肯定要死了。你是怎么知道的，怎么能救我呢？"

"当时我就在你附近。自从害得你被流放到了镇江，我心中十分难过，可是又没有办法帮你，心里很着急。我和小青就跟着你来到镇江。这些日子我每天都在你身边，看到你心中烦恼，我更是怪自己。今天看到你那么不小心，掉下山去了，我赶紧来救你。还没等你掉到地上，我已经抓住了你的衣服，把你带到了这里。"白娘子说。

听白娘子这么说，许仙十分感动。白娘子对自己是真心的，这样的感情比起人世间的普通夫妻，还要好得多。许仙不再怪白娘子了，他心里有太多的感动。

"那我们以后怎么办呢？"许仙说。

"我们成亲，你愿意不愿意？"白娘子看着许仙说。

"愿意，愿意。我当然十分愿意。可是我还是没有钱，怎么办？"许仙说。

"钱我已经准备好了，你看。"白娘子说着拿出那一百两银子来，"这钱是我借来的。"

许仙不放心，把桌子上的每一块银子都看了一遍，没有发现什么记号和不对的地方。

白娘子说："这回我也好好看过了，应该没有事。我们跟人家说好了，一年以后还。"

"成亲用不了这么多银子。"许仙说。

"对,成亲的时候用不了,多下来的钱我想好了,我们开一家药店。"白娘子说。

"这个主意好。"许仙说,"这样,我也用不着在别人那里干活儿了。"

"对呀,你会抓药,又会看病,我们自己做老板。"白娘子开心地说,"再说,我也会看病。你看不了的病,我来看。"那白娘子虽然没有学过医,但是她有神通,给别人去病那是很容易的事。

"我们说干就干,先去找房子。到街上去租一所前面可以开店、后面可以住人的房子。"许仙说。

"对,先找房子,然后成亲,然后再开店。"比起刚到杭州时,白娘子现在懂得更多了,知道家和房子很重要。

许仙于是不再去别人的药店工作。他们三个人忙着这里那里到处看房子,最后在长江边的码头(mǎtou),租下了房子。

许仙和白娘子成亲了,成了夫妻。他们没有请媒人(méiren),因为没有必要请媒人。也没有请别人喝喜酒。许仙的姐姐姐夫远在杭州,不可能来。他们又不认识别人,所以喜酒也不用办了。

他们买了两个红蜡烛(làzhú),贴(tiē)上大红喜字,

码头　mǎtou　河边或海边有很多船,人们上船下船的地方。
媒人　méiren　男女两个人结婚,替他们拉上关系的人。

又买了一些家里日用的东西。当晚小青做主婚,两个人拜(bài)了天地,进了新房。

　　成亲以后他们就忙着准备开药店,先买下了一个药店用的柜子(guìzi),又去买各种草药,只用了一个月时间,就什么都准备好了。接着,找了个吉(jí)日,药店开门了。药店的名字叫"保安堂"。

　　吉日是什么意思?

　　吉日就是好的日子。那时候人们说,一年三百六十五天,有的时候吉,有的时候凶(xiōng)。"凶日"是不好的日子。像成亲、开店这样重大的事情,不是每天都可以做的,如果在凶的日子做,那么以后一定会有不幸。

　　那时候有一种日历(rìlì),上面写着,这一天能做什么、不能做什么。在中国,这样的日历现在还能买得到。有些人虽然不是很相信这种事,但是也觉得这样的事说不清楚,万一要是真的有,就不好了。谁愿意遇到凶的事呢!

　　白娘子不懂这些,觉得没关系。可是许仙相信这些,所以成亲和开店都在吉日。

　　码头上人来人往,是个人多的地方。许仙的药店开门以后生意一天比一天好。来抓药的,来看病的,一

柜子　guìzi　药店里放药的地方。
日历　rìlì　一年三百六十五天,写着这一天几月几日,是什么日子,就是日历。

个接着一个。许仙、白娘子和小青三个人每天忙里忙外，忙个不停。

白娘子对许仙说："官人，……"

他们两个成亲以后，白娘子叫许仙"官人"。那时候中上等人家的妻子都这样叫丈夫。

许仙叫白娘子"娘子"，当地的人都管自己的妻子叫娘子。

"官人，"白娘子说，"有些穷（qióng）人付了看病抓药的钱以后，他们回家连吃饭的钱也没有了，我们不要收他们的钱了吧。"

许仙答应说："娘子，你的话说到我心里去了。以前在别人那儿干活儿，穷人来抓药的时候我也这么想。可是那是人家的药店，我怎么敢说话。现在我们自己当老板了，自然要这样做。"

所以，穷人到保安堂看病抓药常常是不要钱的。这样虽然保安堂收进的钱会少一些，但是保安堂在镇江的名声一天比一天大了，来的人也越来越多。所以，总的来说，他们的生意还是很不错，不到一年就已经有了一百多两银子。

白娘子想着要还人家银子，叫小青把那一百两银子送去杭州。

小青答应着说："姐姐你放心，我今天就去。"

穷　qióng　没有钱。

当天晚上，小青包起一百两银子，到杭州去了。可是，没过多久就回来了，手里还拿着那包银子。

白娘子说："你怎么还拿着那包银子，那张借条呢？"

小青说："姐姐，我到那张大官的家一看，他那库房里一点儿银子也没有了，我们的借条也不见了。我不知道怎么回事，跟人家一打听才知道，那张大官因为贪污（tānwū）太多，被皇帝（huángdì）杀了头，他家的银子也被皇帝拿走了。我当然不能再把银子放在那里，只好拿回来了。"

白娘子说："真有这样的事儿？"

"真的，我问了好几个人都这样说。不信你自己去看。"小青说。

白娘子当然相信，小青不会骗她。所以笑着说："这人世间有那么多糊涂（hútu）人，贪污那么多钱干什么？结果呢，钱没花着，把自己的脑袋（nǎodai）都搞丢了。"

小青说："那也好，这一百两银子我们正好用来帮助穷人。"

贪污　tānwū　把官府的钱或老百姓的钱，拿过来变成自己的钱。
皇帝　huángdì　中国古代，皇帝是最大的。他可以让别人当官，也可以杀别人的头。
糊涂　hútu　脑子不明白。
脑袋　nǎodai　人的头。

酒变

许仙跟白娘子成亲一年多了。

白娘子和小青来到人世间时间久了，慢慢知道了更多人间的事，习惯了每天吃三顿饭，也喜欢跟人吃一样的东西。不过她们两个仍然不会做饭，也不喜欢做饭。许仙知道她们不是普通人，娘子不喜欢做饭，也就不为难她。所以他就自己做。在当时，男人们是不做饭的，像许仙那样，每天买菜做饭的男人很少见。后来因为店里太忙，许仙也没有时间做饭了，他们就请了一个人来做饭。

成亲以后，两口子互相关心，日子过得和和美美。这一家人对邻居们也很和气，所以邻居们都很愿意跟他们来往。

大家都希望这样的幸福生活，能够白头到老。可是没有想到，不好的事情又来了。

有一天，许仙在街上走，对面来了一个和尚（héshang）。

和尚是什么人？

和尚是佛教（Fójiào）的修行（xiūxíng）人。离开家，去修行的人，就是和尚。跟普通人不一样，他们都剃（tì）掉了自己的头发，穿着特别的衣服。

和尚 héshang

和尚们修行的地方就是寺院（sìyuàn）。和尚们平日都在寺院里修行。有时候会出来办事。

白蛇传

在中国，除和尚以外，还有很多人相信佛教，他们不修行。但是他们有时会到寺院里去烧香、拜佛（bài fó），希望佛让自己和家里人平安幸福。

和尚们经过多年修行，有的人会有神通。这样的和尚知道很多普通人不知道的事情，有普通人所没有的能力。

我们再说许仙。

那和尚从对面走过来，看了许仙一眼，忽然停住了脚，又前前后后地看了一遍，开口说道："你脸上有黑气，一定是遇到了什么妖怪（yāoguài）。"

许仙听了很不高兴，说："我好好儿的，脸上怎么有黑气？"

那和尚从小出家，现在看上去有五十多岁了，已经修行很多年，是个有神通的老和尚。他见许仙不高兴，就更加和气地说："我是这里金山寺的法海，不是我多管别人的事，有妖怪在你身边，时间长了，对你有害。"

那白娘子和小青修炼了那么多年，已经有了人的身体，又吃了神仙师父的药，不是跟人一样了吗？怎么还会有妖气？

原来，她们修炼得还不够，还要再修炼一千年才能离开蛇身，成为神仙。她们吃了神仙师父的药以后，妖气虽然大大少了，不会对人有害，但是妖气仍然没有除完。普通人是看不出来，但是那法海老和尚有神通，他能够看出来。

神仙师父说她们对人不会有害了,那法海老和尚为什么还要管这样的事?人家两口子好好儿的,他想干什么?

法海是好心。他知道,有些动物经过修炼后能够得到人的身体,还可能成为神仙。不过他们应该在山里修炼才对,跑到人间来就对人有害。再说,动物修炼多年,很可能会成为妖怪,以前他多次发现有这样的妖怪害人。

不过,他也是修行得不够,虽然看得出许仙身上有妖气,但是看不出那点妖气对许仙已经没有害。

许仙不再跟他说话,转过头就走了,他当然不相信那和尚的话。

可是法海仍然一心一意要救许仙。

他知道一个人要是跟妖怪在一起了,就不愿意听自己的话。所以必须慢慢来,跟他说一次不行,就说两次;两次不行,三次;一次一次地说服他,才能让他离开那妖怪。

果然,过了几天许仙在街上又遇到了法海。法海又跟他说:"你脸上还是有黑气,跟妖怪在一起你有危险。"

许仙很生气,说:"你这和尚,为什么总是跟我过不去?"

法海说:"不是我跟你过不去,是你上了那妖怪的当。我跟你说,我已经知道了,你的娘子是一个蛇妖。"

许仙更生气了,说:"我娘子心那么好,对我也那么好,她会是蛇妖?那么天下的女人都是蛇妖了。"说着,头也不回就走了。

法海在后面看着许仙说:"受了骗,回头不容易啊。"

从这以后,许仙每一次上街都会碰到法海和尚,那和尚好像就在街上等着他。后来许仙都不敢上街了。

有一次许仙必须上街买东西。他心想,今天我走一点远路,不走那条路了,不想再碰到那老和尚。

可是他出了门刚转过一条街,又碰到了法海和尚。那法海真的很想救他,仍然很和气地说:"你想一想,你娘子是不是跟常人有不一样的地方?"

许仙也是信佛的,他虽然一点也不喜欢法海,可是仍然和气地说:"师父,我娘子不是普通人,这一点她早就跟我说过。"

"她是不是有一些神通。"

"是。"

"这就对了。"

"怎么对了?有神通就一定是蛇妖吗?我每一次上街都会遇到你,老师父你肯定也有神通。"

"你要是不信,可以试一试啊。"

"怎么试?"

"过几天不是端午节(Duānwǔ Jié)了吗?老百姓都喝

端午节　Duānwǔ Jié　每年农历五月初五。

雄（xióng）黄酒，对不对？"

"对。"

"你给你娘子喝雄黄酒试试，多喝一点。她喝了去睡觉，就会现出了原来的样子。"

端午节是农历五月初五，南方的老百姓除了吃粽子（zòngzi）以外，还要喝一点雄黄酒。

雄黄是一种中药，有毒（dú），是用来杀虫（chóng）的。

粽子 zòngzi

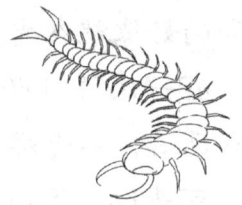

虫 chóng

用一定的方法在酒里放一些雄黄，就成了雄黄酒。端午节正是夏天开始的时候，各种蛇虫都爬出来了，古人觉得在端午节喝雄黄酒，以后就不怕蛇虫了。

许仙不信法海的话。蛇是那么让人害怕的动物，天天跟自己睡在同一张床上的娘子怎么会是蛇呢？不可能。

喝雄黄酒没有什么，端午节的时候大家都喝，许仙心里想，我就不相信我娘子喝了雄黄酒会变成一条蛇。试一试有什么关系？试过就让法海没话可说了。要不然，他老是会来找我麻烦。

端午节晚上，一家人坐在一起吃晚饭。许仙拿出了雄黄酒，让白娘子和小青喝。

小青说她不喜欢喝酒，没有喝。白娘子也不喜欢喝酒，可是她想，许仙好意让自己喝，喝一点儿也没有什么。于是就把酒喝了。

可是酒喝下去以后，白娘子觉得身体很不舒（shū）服。她以前很少喝酒，如果喝也只喝一点点，这一次喝了不少，还是雄黄酒，雄黄使她的身体很难受。

许仙见她不舒服，就说："那你去床上躺一会儿吧。"

许仙跟白娘子一起去睡觉的房间，然后再回来吃饭。吃完饭他自己也觉得累了，想上床睡觉。他走到床跟前一看，忽然发现一条大白蛇躺在床上。

许仙"啊呀"一声惊叫，倒（dǎo）在地上，昏（hūn）死过去了。

小青在对面的房间听到声音，觉得不对，赶紧过来看。见姐姐已经现出蛇的样子，许仙昏死过去了。她这一下吃惊不小，赶紧把白娘子叫醒。

白娘子醒来发现自己现出了蛇的样子，非常不好意思。赶快又变回了人。心里想，那许仙一定是听了什么人的话，才让我喝雄黄酒，害得我现了蛇的样子。

小青说："姐姐，不好了，姐夫被你吓得昏死过去了。"

白娘子赶紧下床，把许仙放到床上。两个人大声叫他，可是许仙还是一动都不动，像死了一样。

白娘子知道，如果许仙三天不能醒来，以后就不会醒来了。她心里很着急，怎么办呢？有什么药能够救许仙？

他们家里虽然开着药店，但那都是一些普通的常见

不舒服 bù shūfu 难受，病了。
倒 dǎo 摔在地上。
吓昏 xiàhūn 很害怕，一下子没有知觉了，好像死了差不多。

药,都不能用来救许仙。

小青说:"我看什么药都不行,除非有一种仙(xiān)草。"

灵芝 língzhī

"仙草?"白娘子忽然想起来了,她以前听神仙师父说起过,昆仑(Kūnlún)山上有一种仙草叫作灵芝(língzhī)草,能够救人。看起来只能到那里去找一找了。

于是她对小青说:"你在这里看好他,我要到昆仑山找灵芝草。"

小青说:"姐姐你要快去快回呀,你要是不回来我可不知道怎么办。"

白娘子身体仍然很不舒服,可是她必须快一点救许仙。于是,她马上走出门来,起身往西飞向昆仑山。

昆仑山在中国的西部,听说那是神仙们住的地方。白娘子虽然飞得很快,但是因为路很远,所以一个晚上她都在天上飞,飞到昆仑山时,天已经亮了。

这么大的昆仑山,哪儿有灵芝草呢?她仍然在天上飞着,想找一个人问一问。后来,她看到一个老人在一条小路上走,于是她落到地上走过去问:"请问老人家,这昆仑山什么地方有灵芝草?"

老人很吃惊地看着她,说他从来没有见过什么灵芝草。小时候听爷爷说过,灵芝草只生长在神仙洞(dòng)

洞 dòng 地上或山上凹进去的地方。

的洞口，那草白天晚上都有人看着。

白娘子谢过老人，心里想我还是不知道灵芝草在哪里。她只好再飞起来，看看哪儿有山洞。

昆仑山地方真大，这一天她飞来飞去地找，虽然找到了几个山洞，但都不是。快到晚上的时候，她飞进山里，才发现有一个地方树木很多，花草很多。可以看见在半山上有一个洞口。

看起来这个地方有可能是。

于是她飞过去，看有没有灵芝草。果然，远处有一种她从来没有见过的草，这可能就是灵芝了。她赶紧飞了过去。

没想到她刚站在地上，就跑出来一个人，大声对她说："哪里来的妖怪，到这里做什么？"

白娘子转过头去看，发现那只是一个小孩儿，只有十二三岁的样子，他手上拿着一把刀，很生气地看着她。

白娘子说："这位小哥，我不是妖怪。到这里来只为要一棵灵芝草，去救人。"

那小孩儿说："我们的灵芝草，怎么能给你？"

白娘子说："小哥，你行行好，我丈夫昏过去了，救人要紧。"

可是不管白娘子怎么说，那小孩儿就是说不行。眼看着天要黑了，白娘子想着许仙有危险，心里很着急，就跟那小孩儿吵（chǎo）了起来。

吵　chǎo　两个人意见不一样，大声说对方不对。

白蛇传

"你那灵芝草有好几棵,还会长出来,给我一棵有什么关系?"

"我们的东西为什么要给你?"

"我是拿去救人呀!"

"你救人跟我们有什么关系?"

这样的小孩儿真没见过,白娘子很生气,最后她说:"今天,你给,我要拿走一棵。你不给,我也要拿走一棵。"说着就走了过去。

那小孩儿手中的刀向白娘子砍(kǎn)来,白娘子赶紧也拿出了刀。两个人在洞口打了起来。那小孩儿虽然打不过白娘子,可是白娘子不敢真的砍他。这样一来,她也拿不到灵芝。

打到半夜,从洞里又出来另一个小孩儿,接替他,跟白娘子打。打到天亮,第一个小孩又来换(huàn)他。这两个小孩儿轮换(lúnhuàn)着跟白娘子打,又打了一天。白娘子已经两天两夜没有休息了,身体又不舒服。所以渐渐地不行了,眼看着要倒下去,可是为了救许仙,她仍然在努力,她心里想,就是自己死了也要拿到那灵芝草。

这时,从洞外飞来一个人。他一到洞口就叫这两个小孩儿住手,问他们是怎么回事儿。

白娘子抬头一看,这个人个子高高的,白头发,看上去像是一位神仙。

砍 kǎn 用力把刀打向对方。
轮换 lúnhuàn 有两个人或几个人,一个人来了,另一个人才休息。

白蛇传

那两个小孩儿说:"师父,她要偷我们的灵芝草。"

白娘子这时已经没有力气了,站不住,倒在了地上,但是她还是努力坐起来,跟神仙说:"我丈夫昏死过去了,非常危险,请神仙给我一棵灵芝草,好去救人。"

来的真的是一位神仙,那两个小孩儿是他的学生。他看了一下白娘子,就知道了白娘子的事。于是说:"灵芝草一千年才能长这么大,所以我一般不给别人。不过,我看你的心很好,为救人不怕自己有危险,应该得到帮助。"

他转头对一个小孩儿说:"你去拿一棵大一点的灵芝来,给她。"

白娘子接过灵芝,连声说谢谢,说:"要不是您老人家来,我和我丈夫就都死了,我们不会忘了是您救了我们"。

神仙说:"你快回去吧,还有很多路呢。"

白娘子虽然非常累,但是她知道她必须站起来,往东边飞去。可是她体力不行了,飞得很慢。这一夜加上一个上午都在空中飞,飞到家里时,已经是第三天的中午了。

小青在家里等着姐姐回来,可是等来等去都不见人,那许仙仍然静静地躺着,像一个死人。怎么办呢?眼看着已经是第三天了,再没有仙草就救不活了。姐姐为什么还不回来呢?她担心(dān xīn)姐姐出了什么事。

担心　dān xīn　害怕有危险,心里着急。

正在这时,忽然听见院子里"咕咚"一声。小青赶快出去看,发现白娘子倒在地上。

原来,白娘子在这三天时间里没吃没喝,没有休息,还不断地飞行跟别人打,已经累得一点力气都没有了。在天上飞着时,她就觉得自己马上要昏死过去了。可是她仍然提着一口气,告诉自己一定不能昏过去,一定要把灵芝草送回家。她要是昏过去了,那么许仙就死了。

一路上因为有这一口气,她才没有掉下来。等她飞到自家院子的上空时,这一口气停下来,马上就昏了过去,哪里还能再用脚着地,一下摔在了地上。

小青看着白娘子,心里又高兴又着急。高兴的是姐姐回来了,可是姐姐这是怎么了?她赶紧把白娘子抱(bào)到床上,给她洗了一把脸,又让她喝了一些水。过了一会儿,白娘子张开了眼,从衣服里拿出了那棵灵芝草,说:"快把灵芝草拿去,在水里煮(zhǔ)一煮,让你姐夫服下去,要快。"

小青赶紧把灵芝草煮好了,一点一点地让许仙喝了下去。再回过来看白娘子,她仍然闭着眼昏睡着,她太累了。

第二天早上,白娘子醒了过来。她走下床来,跟小青一起去看许仙。

抱　bào　用两只手把人或东西举起来。
煮　zhǔ　把食物或东西放在水里,让水开比较长的时间。

水漫金山

许仙服下了灵芝草以后，过了一天也醒了过来。他张开眼，看见自己躺在床上，妻子坐在床边。他想起来了，自己看见一条大白蛇躺在床上，然后就什么都不知道了。

"蛇！"他害怕地坐了起来，看着床的四面，又看着妻子。

"官人，你昏过去四天了，家里哪有什么蛇？"白娘子轻声地说。

"我明明看见一条大白蛇躺在床上的。"许仙说。

"那是因为你心中想起了蛇，所以就以为有蛇了。"为了让许仙不再害怕，白娘子拿定主意，不告诉他自己是一条蛇。

"是吗？"许仙不太相信。

"这不怪你，都是那别有用心的人，想分开我们夫妻，说你的娘子是一条蛇，叫你给我喝雄黄酒试试，对不对？"白娘子仍然和气地说。她知道许仙只是一个普通人，当然会害怕蛇，要怪只能怪自己不小心。

"对，对。是那金山寺的法海老和尚说的。"许仙说。

"官人，我们成亲快两年了，白天在一起给人看病，晚上在一起睡觉，你看我像一个妖怪吗？"白娘子说。

许仙看着自己的妻子，她还是那么美丽，那么好。当然一点都不像一条蛇。回想起这一年多，白娘子的种种好处，两口子每天的幸福生活，他心里觉得很不好意思。

白蛇传

他对白娘子说："娘子，你怎么会是妖怪呢？我也是不相信法海的话，可是我每次上街都会遇到他，他每次都跟我这样说。说的次数多了，我就糊涂了。"

小青说："姐夫，你还不知道呢，你昏死过去以后，姐姐为了救你，到昆仑山去找灵芝仙草，三天没吃、没喝、没休息，差点都累死了。"

许仙说："你们姐妹心那么好，不管对我，还是对来看病的病人都那么好，怎么可能是妖怪？法海说你们是蛇，你们怎么会是蛇呢？以后我不会再糊涂了。"

白娘子原来心里担心，怎么让许仙不再害怕呢。听了许仙这些话，她很感动，说："官人，我以前就跟你说过，我跟小青不是普通人，我们正在修炼，虽然现在还不是神仙，以后一定会成为神仙。"

许仙的身体很快就好了。一家人又跟以前一样，过上了和和美美的日子。

过了一些日子，白娘子觉得自己身体不太对。好好的吃着饭，忽然会觉得特别不舒服，要吐（tù）。开始的时候她不知道是怎么回事，以前从来没有过这种感觉。她以为自己病了。

许仙给她看病，发现她这是怀孕（huái yùn）了。成亲一年多了，也该怀孕了。一家人高兴得不得了。

吐　tù　吃下去的东西，又从口里出来，就是吐。
怀孕　huái yùn　女人有孩子了。

想想自己快要当爸爸了，许仙笑得很开心。每天都问白娘子想吃酸（suān）的还是想吃辣（là）的？

一开始白娘子不明白许仙是什么意思，有时候说想吃酸的，有时候觉得很不舒服，就说酸的辣的都不想吃。她以前没有过这种感觉，想不到女人怀孕会这么不舒服。

许仙说："要不，怎么说当妈妈不容易呢？以前我姐姐怀孕的时候也是这样。好在不会总是这样，过两个月等孩子长大点儿就好了。"

白娘子以前不喜欢吃酸的东西，可是现在很奇怪，老想吃一点儿酸的。许仙说："那好啊，想吃酸的就是生儿子。"

"你怎么知道？"白娘子问道。

"你没听老百姓说'酸儿辣女'吗？"许仙说。

"什么意思？"白娘子不明白。

"要是妈妈在怀孕的时候想吃酸的，那么就是生儿子。要是妈妈想吃辣的，那么就是生女儿。"许仙说。

"是这样吗？"白娘子不知道要不要相信这样的话。

"没错。多少年来都是这样，八九不离十。"许仙肯定地说。

"看起来你是喜欢儿子。"白娘子说。

酸　suān　一种味道，醋（cù）是酸的。
辣　là　一种味道，吃了以后口中会觉得很热，像火烧一样。

白蛇传

"谁说的?说真的,我喜欢女儿,女儿像她妈妈这样美丽,这样有能力。生个儿子,像我这样一个普通人,有什么好?"

白娘子幸福得笑了起来,说:"我老想吃酸的,看起来要生儿子。"

两口子说说笑笑,很开心。

因为他们跟邻居的关系很好,所以邻居们没有事儿的时候,会到许仙家的药店里来坐坐,说说话。听说白娘子怀孕了,他们就提醒许仙,别忘了到金山寺(sì)去烧香(shāo xiāng)。

烧香 shāo xiāng

这里的人有习惯,每当妻子怀孕,丈夫都会到金山寺去烧香。

"烧香"是什么意思?就是到寺院(yuàn)去,请佛(fó)保佑(bǎoyòu)妻子和孩子。

古代的时候,女人生孩子有危险,常常听说有人生孩子的时候死了。所以,男人们都会事先到寺院去烧香,希望佛能够保佑母子没有危险。

许仙跟多数人一样信佛,听邻居们这么一说,就准备去烧香。

白娘子不想让许仙到金山寺去,她不喜欢金山寺的

佛　fó　释迦牟尼(Shìjiāmòuní - Sakyamuni)。

老和尚法海。自己这样一个幸福的家，差一点被他破坏了。许仙去金山寺，万一再生点事出来，怎么办呢。

可是许仙知道生孩子的危险，还是要去。他跟妻子说："那法海说什么我都不会信了。不去烧香我心里担心，娘子你放心，我烧完香马上回来。"

因为丈夫这么爱妻子，白娘子心里很感动。心想这些日子许仙已经知道自己和小青是蛇仙，仍然跟自己一起好好过着日子，可见他跟以前不一样了。别人说什么他都不会再害怕。所以，后来许仙要去，她就不再说什么了。

谁知许仙这一去，又出了事。

那金山寺在长江边的金山上，所以叫金山寺。许仙走进寺门，买了一把香。烧完香，转过身来，正想回家，从对面走来了一个和尚，那和尚正是法海。

"端午节用我教你的方法，你看到了什么？"法海说。

"啊呀，师父你行行好，别跟我们过不去，行不行？"看到法海，许仙心里有点儿害怕。

"你跟她在一起时间久了，所以分不清是非了。"法海说。

"可是她现在跟普通人没有什么两样，我们夫妻相爱，她没有害我呀。"许仙真不明白法海为什么要管这样的事。

"可是妖（yāo）怪就是妖怪，她一定会害人的。"

"我娘子绝不是妖怪。她那么好，不管对什么人都那么好，怎么会是妖怪呢？"许仙地说。

法海说："你明明亲眼看到了一条大白蛇，还说她不是妖怪。真是糊涂啊。"

"师父，请你不要再为难我们。"许仙说完，赶紧往外走。

法海在后面说："你要明白，不是我要为难你，是你现在有危险，看起来我不救你不行了。"说着，他叫来几个小和尚，把许仙拉到了一个房间里，锁上门，关了起来。

许仙原来跟妻子说好了，烧完香就回去，没想到会被法海关起来。

回不了家，他心里很着急。他知道他来烧香妻子很担心，妻子一定在家里等着自己。现在回不去怎么办？他后悔（huǐ），今天真不该到金山寺来。

白娘子一大早送丈夫出了门，回到房间里就心里不安，觉得不太对。果然，到吃午饭的时候，许仙没有回来。金山寺虽然路比较远，但是一早出去，一个上午也该回来了。

吃晚饭的时候，许仙还是没有回来。白娘子知道不好，就跟小青说："怎么办？"

小青说："一定是法海和尚使的坏。我们去找法海要人。"

白娘子心想，没有别的办法，现在只能这样做了。于是，她就跟小青一起上了金山寺。到金山寺的时候天已经黑了，金山寺的大门已经关上了。

小青大声地叫道："开门，开门！过了一会儿，大门开了，一个小和尚出来，问："有什么事？"

"我们找法海师父。"白娘子很客气(kèqi)地说。

"那好，你们进来吧。"小和尚说。

法海正在路上等着她们。

白娘子很客气地说道："我丈夫一早来金山寺烧香，到现在没有回家，请师父还我丈夫。"

法海可没有那么客气，他大声说道："你们这两个蛇妖，为什么到人间来害人，还不快快回到山里去！"

小青听了，气不打一处来，也不客气地说："你这个老和尚，不像是好人，你自己把人家的丈夫关了起来，要分开人家夫妻，还要说我们害人，请问我们害了什么人？"

小青说得对，法海被问得不知怎么回答。他说："人妖不能共同生活，虽然你们不想害人，时间长了你们的妖气也会害死人。"

白娘子说："我们不会害人，请和尚还我丈夫。"

法海为了叫白娘子回山里，说："不可能。许仙现在已经知道了，是他自己不愿意回去的，你再也不能跟他在一起了。"

白娘子和小青不知道法海对许仙又说了什么，心里

客气　kèqi　对人说话和气，对人很好。

想，说好话已经没有用，看起来只能把许仙抢回去了。

小青先拿出刀来说："你要是不放人，今天我们就不客气了。"说着就往里走。

法海不让她往里走，于是两个人就打了起来。打了一会儿，白娘子看出小青打不过法海，就赶过去帮小青。可是她已经怀孕七个月了，大着肚子，哪里还能像平时那样打，她们两个人加起来也打不过法海。

眼看着不行了，白娘子一时着急，就用起神通来。那金山寺在长江边上，白娘子的神通一使出来，长江的水马上涨（zhǎng）了起来，越涨越高，很快就要冲（chōng）进金山寺。

那法海也是个有神通的高人，一看水涨了上来，也赶紧用神通，不让江水进寺院里。

又打了半天，白娘子和小青仍然打不过法海。白娘子没有办法，只好收起神通，跟小青一起离开金山寺。

这时候天已经亮了，白娘子和小青想回家，可是她们吃惊地看到，江边的农田和房屋都被大水冲坏了，连自己的家，还有邻居们的房子也都坏了。白娘子心里非常难过，自己用神通，是想对法海，可是没想到害了很多人。想想那些邻居，白娘子恨自己又做错了事，现在哪里还有脸再回家去！

涨　zhǎng　水越来越多，比以前高了。
冲　chōng　用力很快地过去。

白蛇传

她们只好向西边飞去，不知不觉又来到了杭州，落在西湖的断桥上。

再说，那法海虽然打败（bài）了白娘子和小青，可是他心里一点也不觉得高兴。水漫金山，江边的房屋农田被大水冲坏，虽然是白娘子的错，但是自己也做得不对。静下心来想，自己真的做得太过分了。

那白娘子虽然是蛇，不应该到人间来。可是她没有害过人，她们在这里行医送药做了不少好事。不知为什么她会跟那些害人的妖怪不一样，自己没有搞清楚。

现在她怀孕已经有七个月，我把她的男人关了起来。我是好心想救许仙，没想到这一下在别人看起来，好像是我法海做了坏事。

法海很后悔，不应该把许仙关起来。不管怎么说也应该等白娘子生完孩子以后再说。

于是法海走到后面，去看许仙。

许仙被关了一天，晚上忽然听到前面有打的声音，人声水声，声音越来越大。他知道一定是白娘子到金山寺来要人了，跟法海打了起来。

妻子已经怀孕七个月，怎么还能跟别人打呢？许仙心中着急，但是他被锁在屋中，没有办法出去。这一夜他没有睡。天渐渐亮了，前边的声音没有了。

许仙正在担心，不知妻子怎么样了，忽然见法海

打败　dǎbài　跟别人打，别人败了，把别人打走了。

打开门走了进来。

"我娘子怎么了？"许仙赶紧问。

"她水漫金山，大水冲坏了江边的农田和房屋，这样的大错，一定会受(shòu)到惩罚(chéngfá)。"法海说。

"这都是你害的，"许仙心中有气，"要不是你把我关起来，我娘子她不会做这样的事。"

"你说的对，我也有错。"法海说，"我的错也会受到惩罚。"

"现在她们人呢？"许仙问。

法海低下头想了一想，说："她们去杭州了。"

许仙连忙往门外走。

法海问道："你去哪里？"

"我也去杭州。"许仙说。

"那好，我送你去。"法海说。

"我不要你送。你别害我就行了。"许仙心里恨法海，一听这话，气不打一处来。

许仙飞快地向山下跑去，不知怎么的，跑着跑着两只脚离开了地面，飞了起来，只听见法海在后面说："等她生完孩子一个月以后，我还会去找她。"

雷峰塔
Léifēng Tǎ

许仙在空中飞着，低下头看时，看见房屋、农田、树林、河流在自己脚下往后飞去。他不知出了什么事，心里想这要是掉下去，一定就死了。他闭上了眼，不敢再看。飞到后来，他已经昏头了。

不知飞了多长时间，最后"咕咚"一下掉下来，摔在了地上。他没有摔死，只觉得摔得很疼，就"啊呀"一声叫了出来。张开眼来看，看到两边的湖水，才知道自己已经来到了西湖的断桥！

再说，白娘子和小青来到断桥上。那西湖仍然跟两年前一样，花红草绿。可是这次来到西湖，心情不一样了。这一次被法海打败，又把江边的农田人家冲坏了，她们的心情很坏。白娘子因为太累，觉得很不舒服，小青让她走到树下去休息。

想起昨天晚上法海说"许仙现在已经知道，是他自己不愿意回去的，你再也不能跟他在一起了"，小青心里非常生气，说道：

"姐姐快要生孩子了，可是现在连家都没有了，都因为这个许仙不听你的话，非要到金山寺去烧香。到了金山寺又听那法海和尚的话，不肯回家。不想想姐姐对他这么好，这个坏东西！"

白娘子对小青说："那法海的话我觉得不可信，我的官人不是这样的人。"

小青说："姐姐还要为他说话，我看天下男人没有

白蛇传

一个是好东西。"

小青正骂着那许仙,忽然"咕咚"一声,从天上掉下来一个人。走近了一看,那人正是许仙。

许仙被摔疼了,一下子站不起来。

小青一见是许仙心中生气,骂道:"你还有脸来见我姐姐,让我杀了你。"说着举起刀向许仙走来。

许仙见到了白娘子,心中很高兴。忽然听小青骂自己,知道发生了误会(wùhuì),连忙站了起来。

小青真的要杀许仙,白娘子一看不好。赶紧站在许仙跟前,不让小青动手。三个人于是在断桥边上转来转去。

白娘子一着急,一把抓住小青的手,说:"小青,你也听听他怎么说。"

小青这才站住了,生气地说:"你为什么不回家,要跟法海在一起?"

许仙说:"哪里是我要跟法海在一起,是他不让我回家呀。"

"那昨天晚上我和姐姐去找你,你听到声音为什么不出来?"

"我是非常着急,想出来找你们,可是被法海关在屋子里,门上了锁,哪里出得来呀。"

"法海说是你自己不愿意跟姐姐在一起了,是不是这样?"

"我哪里会这样说呀,昨天我烧完香,正要回家,

误会 wùhuì 对方没有做错事,以为他做了错事。

法海来了，就把我关了起来。我心里明白，我要是不回家你们一定会着急。可是那房间锁着，我哪里出得去呢！今天我看到你们心里好高兴呀。"

白娘子说："小青，你真的误会他了，他不是那种人。"

许仙也赶紧说："小青妹妹，昨天的事真的不能怪我呀！"

小青把手中的刀收了起来，说："昨天要是你不去烧香呢，那我们一家人就好好的，可现在连个家都没有了，还是要怪你。"

许仙也非常后悔，好好的日子，忽然在昨天就没有了。谁能想到呢？他真不明白为什么会这样。许仙说："是怪我，是怪我。"

白娘子说："官人，你也别再怪自己了，想想现在怎么办吧。"

许仙说："来到了杭州，那就到我姐姐家住一下。等娘子生完孩子再说。"

许仙的姐姐两年前接到许仙来信，说在镇江已经成亲，自己开了一家药店，日子过得很好。姐姐心里很高兴，因为杭州到镇江路比较远，所以没有去看他们。现在两年时间到了，许仙可以回杭州了。姐姐跟姐夫正想写信，让许仙一家回到杭州来。

那一天姐姐正在家里，忽然看见许仙跟一个怀孕的美人走了进来。虽然她喜出望外，可是不明白，他

白蛇传

们回来为什么不事先写信来呢?

许仙向姐姐介绍(jièshào)过白娘子和小青后,把这两天发生的事情说了一遍。

他姐姐说:"你说的我怎么听不明白呢?"许仙以前从来没有骗过人,看起来这次说的也是真的。

许仙说:"姐姐,不要说你不明白,我自己也不明白为什么会这样。"

姐姐说:"好了,好了。你娘子已经怀孕七个月,就在这里住下来吧。"

好在他姐姐家房子比较多,他们三个人有地方住。

白娘子离生孩子的日子也越来越近,一家人小心地照顾(zhàogù)着她,希望她生孩子没有危险。

三个月后,白娘子生下了一个男孩儿。

中国的习惯,女人生孩子以后,在一个月里要特别小心。在床上躺着,不能累,不能吹着风,不能碰冷水,不能吃冷的东西,还要吃更多好的东西,比如多吃鸡,等等,这叫坐月子。坐月子是不能马马虎虎的,要不然以后身体会不好。

有许仙、小青和许仙的姐姐三个人照顾着,在月子里白娘子身体好得很快。

小孩子在出生一个月的时候,一般的人家都会请

介绍 jièshào 这里指告诉别人这是谁。
照顾 zhàogù 老人、孩子、病人和生孩子的女人需要照顾。

白蛇传

亲戚朋友来喝酒。许仙家也一样。许仙在家里请大家喝酒,把小孩子抱出来给大家看,那小男孩儿白白胖胖(pàng)的,眼睛大大的,长得很漂亮。

许仙抱着儿子心里很开心,想起那法海和尚,说自己的娘子是一条蛇,真是可笑!蛇能生出这么漂亮的孩子吗?

就在大家以为麻烦已经过去的时候,法海又来了。这一次不是他一个人来,他后边还站着一个人,手里拿着一个钵(bō)。

钵 bō

钵是和尚们用来吃饭喝水的,可是那个人手里的钵很特别,金(jīn)色的,看来不是一般的东西。

许仙一看到法海,心里害怕,赶紧站在门口说:"你又来做什么?请你放过我们吧。"

法海说:"你还是糊涂(hútu),她不应该到人间来,来了以后又做了坏事,当然要受到惩罚。"

许仙气急地说:"她做了什么坏事?"

法海说:"她水漫金山,大水冲坏了江边的农田和房屋。"

"这还不是让你害的,你要是不把我抓起来,她

胖 pàng 身体重。
金 jīn 黄色,很贵的东西。

会这样吗?。"

"是的,我也会受到惩罚。"法海说,接着他大声喊道:"白素(sù)贞(zhēn),出来吧。这是天上的大力神仙,你跟他走吧。"

白娘子抱着孩子和小青一起从房间里走出来。

白娘子想起了神仙师父说过的话:"你们到了人间要多做好事,不可以做坏事。如果做了坏事就一定会受到惩罚。"

自己水漫金山冲坏了老百姓的农田和房屋,做了坏事,她知道现在要受惩罚了,自己跟许仙的缘(yuán)分也已经完了。

要离开丈夫和刚刚一个月的孩子,她心里十分难过,可是那又有什么办法呢?

小青见了法海,还想跟法海动手。白娘子拉住小青说:"小青,不要动手了,我跟官人的缘分已完。水漫金山是我的错,必然要受到惩罚,这是逃不过去的。你回山里修炼(xiūliàn)吧,我出来以后,会去找你。"

小青虽然心中生气,但是她修炼过千年,也知道动手没有用。

白娘子对法海说:"请你们等一等,我给孩子吃最后一次奶。"

听说白娘子要被带走,许仙姐弟两个哭得很伤(shāng)

伤心　shāng xīn　很难过。

心，孩子只有一个月，没有了妈妈，以后怎么办呢?

连法海老和尚都觉得心里难过。

孩子吃完奶，睡着了。白娘子走到许仙姐姐面前，把孩子递过去说："姐姐，这孩子从小就没有了妈妈，姐姐你把他当作亲生儿子吧，小妹我不会忘记你的。"说着眼泪（lèi）流了下来。

许仙的姐姐接过孩子，流着眼泪，难过得说不出话来。

许仙哭着说："娘子，你为什么走啊？你不能走！"

"官人，我也不想离开你们。可是我们的缘分已经完了。我走后，你要好好对孩子……"白娘子伤心得说不下去。

那个法海举起手中的金钵，一道金光（jīnguāng）从金钵向白娘子发了出来，白娘子的身体飞了起来，变得越来越小，最后飞进了那金钵里。

好好的一个家，就这样没有了。

许仙不想活了，要去打法海，可是他自己先昏倒了。

大力神仙把金钵带到西湖南岸（àn）的山上，把金钵的口向下放在地上。金钵忽然长高，越来越高，很快就变成了一座塔（tǎ）。白娘子就被关在塔的底下。

这座（zuò）塔就是雷峰塔（Léifēng Tǎ）。只有雷峰塔倒（dǎo）了，白娘子才能出来。

座　zuò　量词。

这个故事的结果让人很伤心。

大家都很同情白娘子，怪那法海和尚多事，不应该把人家好好的一家人分开。

不过我们在前面已经讲过了，法海不是坏人，他是怕许仙有危险，一心一意想救许仙。但是他修炼得不够，看不出白娘子对许仙没有害，结果好心办了坏事。

听说法海也受到了惩罚，被关在金山寺的一个房间里。对着墙坐着，静静地想自己有什么错。什么时候雷峰塔倒了，他什么时候才能出来。

可能你仍然想着白娘子和许仙的孩子。这孩子刚刚一个月就没有了妈妈，姑妈对他怎么样？后来他长大了吗？

姑妈对他很好，像对自己的孩子一样。小青有时也会飞到杭州来看看孩子。孩子后来渐渐长大了，许仙常常带着孩子到雷峰塔去。

听说过了十几年，雷峰塔就倒了，白娘子一定出来了吧。

这个故事讲到这里就讲完了。

现在杭州西湖边上真的有一座雷峰塔（Léifēng Tǎ）。这座塔在西湖南岸（àn）夕照山的雷峰上，所以老百姓都叫它雷峰塔。这座塔在九百年前就有了，也就是在白蛇传故事以

塔 tǎ

白蛇传

前，就已经有这座塔。

很多年以后，这座塔变得越来越旧，后来塔的外面又被人破坏，只有里面的塔心还在。又经过几百年，1924年9月25日这座塔真的倒掉了。人们都跑去看塔底下有没有白娘子？结果当然没有找到白娘子。

2002年在原来雷峰塔的地方又建（jiàn）起了一座新的雷峰塔，新塔跟旧塔的样子一样。新塔建成后，从远处看去，非常美。人们走上新雷峰塔，可以看见西湖山水和杭州城。在新塔的下面，我们仍然可以看见旧塔的底座。看到这个底座，人们仍然会想起白娘子和许仙的故事。

建　jiàn　做新的房子、塔等。

生词表

生词	拼音	页码
	A	
岸	àn	23
	B	
抱	bào	68
不敢	bù gǎn	35
不舒服	bù shūfu	62
钵	bō	87
	C	
长江	Cháng Jiāng	46
吵	chǎo	64
冲	chōng	77
虫	chóng	60
	D	
打败	dǎbài	79
担心	dān xīn	67
倒	dǎo	62
地方官	dìfāng guān	30
地址	dìzhǐ	25
叮当	dīngdāng	16
动物	dòngwù	3
洞	dòng	63
毒蛇	dú shé	3
端午节	Duānwǔ Jié	59
顿	dùn	35
	F	
烦恼	fánnǎo	7
风景	fēngjǐng	17
凤钗	fèng chāi	16
凤凰	fènghuáng	16
佛	fó	73
付(钱)	fù (qián)	24
	G	
孤单	gūdān	46
官府	guānfǔ	30
光	guāng	47
柜子	guìzi	52

H

杭州	Hángzhōu	9
和尚	héshang	56
后悔	hòuhuǐ	39
狐狸	húli	3
糊涂	hútu	54
滑	huá	46
怀孕	huái yùn	71
皇帝	huángdì	54
晃	huàng	21
婚姻	hūnyīn	36

J

记号	jìhào	31
嫁	jià	31
建	jiàn	93
奖	jiǎng	40
金	jīn	87
介绍	jièshào	85
警察	jǐngchá	37

K

砍	kǎn	65
客店	kèdiàn	28
客气	kèqi	76
库	kù	28
筷子	kuàizi	35

L

辣	là	72
牢	láo	41
老板	lǎobǎn	22
邻居	línjū	39
灵芝	língzhī	63
另	lìng	9
轮换	lúnhuàn	65
轮回	lúnhuí	8

M

码头	mǎtou	50
冒充	màochōng	48
媒人	méiren	50
美丽	měilì	12

N

脑袋	nǎodai	54
脑子	nǎozi	15

年纪	niánjì	12
P		
胖	pàng	87
普通	pǔtōng	48
Q		
清波门	Qīngbō Mén	21
清明节	Qīngmíng Jié	14
穷	qióng	53
求婚	qiú hūn	35
娶	qǔ	31
R		
认识	rènshi	25
日历	rìlì	52
S		
扫墓	sǎo mù	14
伞	sǎn	20
伤心	shāng xīn	88
烧香	shāo xiāng	73
蛇	shé	2
神话	shénhuà	2
神通	shéntōng	2

生命	shēngmìng	8
世界	shìjiè	8
首都	shǒudū	12
受惩罚	shòu chéngfá	9
受伤	shòu shāng	47
死罪	sǐzuì	31
酸	suān	72
锁	suǒ	45
T		
塔	tǎ	91
贪污	tānwū	54
天堂	tiāntáng	12
铜钱	tóngqián	29
偷	tōu	28
吐	tù	71
W		
误会	wùhuì	83
X		
吓昏	xiàhūn	62
小伙子	xiǎohuǒzi	13
修炼	xiūliàn	2

	Y	
衙门	yámen	37
眼泪	yǎnlèi	47
妖怪	yāoguài	3
咬	yǎo	4
钥匙	yàoshi	45
医院	yīyuàn	22
姻缘	yīnyuán	8
银子	yínzi	29
鹰	yīng	6
有功	yǒugōng	40
雨篷	yǔpéng	21

院子	yuànzi	32
	Z	
涨	zhǎng	77
照顾	zhàogù	85
知府	zhīfǔ	38
煮	zhǔ	68
传	zhuàn	2
自首	zìshǒu	38
粽子	zòngzi	60
租	zū	37
座	zuò	90

附录：第一级 500 字表

A
啊　爱

B
八　把　爸　吧　白　百　般　搬　半　办　帮　包　北
被　备　比　必　闭　边　变　遍　别　病　不

C
才　菜　草　差　常　长　场　唱　车　城　成　吃　出
楚　处　穿　窗　床　春　除　次　从　吹　村　错

D
答　打　大　带　袋　单　但　当　刀　到　道　得　的
灯　等　低　底　地　弟　第　递　点　店　掉　定　丢
东　冬　懂　动　都　读　断　对　多

E
饿　儿　二

F
发　法　烦　饭　方　房　放　非　飞　分　风　夫　服
福　父　附

G

该 赶 感 干 刚 高 搞 告 哥 歌 个 各 给
跟 更 工 共 够 姑 贵 关 惯 怪 管 国 果
过

H

孩 海 害 喊 好 喝 和 河 黑 很 恨 红 后
候 忽 湖 户 互 花 画 话 坏 欢 还 黄 慌
回 会 婚 活 火 或

J

鸡 急 几 己 家 加 假 间 简 捡 见 件 渐 今
讲 交 教 脚 较 叫 街 接 结 姐 借 斤 就 救
紧 进 近 经 惊 净 静 久 九 酒 旧
举 觉 决

K

开 看 棵 可 渴 肯 空 口 哭 快 块

L

拉 来 蓝 老 乐 累 冷 离 里 力 脸 练 两
亮 连 了 林 留 流 六 楼 路 绿 乱 落

M

妈 马 麻 骂 吗 买 卖 慢 忙 么 没 每 妹

99

门 们 面 民 明 名 木 摸 母

N
拿 哪 那 奶 南 男 难 呢 能 你 年 娘 您
牛 农 努 女

P
爬 怕 派 旁 跑 朋 碰 骗 漂 平 瓶 破

Q
七 妻 骑 奇 起 气 千 钱 前 墙 抢 悄 敲
桥 亲 轻 清 情 请 秋 去 全

R
然 让 热 人 扔 仍 日 容 如

S
三 色 杀 山 上 少 身 声 生 胜 师 湿 十
时 什 食 使 始 事 是 试 收 手 书 树 数
摔 谁 水 睡 说 思 死 四 送 诉 虽 岁 所

T
他 它 她 抬 太 躺 特 疼 提 体 替 天
条 跳 听 停 同 头 推 腿

W
外 玩 完 晚 万 往 忘 望 危 为 位 问 我

屋　无　五　午

X

西　希　习　喜　洗　系　息　下　夏　先　险　现　相
想　像　向　小　笑　些　鞋　写　谢　新　心　信　醒
兴　行　姓　幸　休　须　需　学　　　　　　

Y

呀　眼　阳　样　药　要　也　夜　一　医　衣　椅　已
以　易　意　因　音　应　用　有　友　又　雨　于　遇
原　远　愿　月　越　　　　　　

Z

再　在　早　怎　站　丈　找　这　真　正　知　只　纸
中　种　重　主　助　住　抓　转　准　桌　着　子　自
字　总　走　最　昨　做　作　坐　　　　　

101

图书在版编目 (CIP) 数据

白蛇传 / 陈贤纯编著. -- 北京：北京语言大学出版社, 2014.12 (2022.6 重印)
（学汉语分级读物. 第1级：民间故事）
ISBN 978-7-5619-4023-5

Ⅰ.①白… Ⅱ.①陈… Ⅲ.①汉语—对外汉语教学—语言读物 Ⅳ.①H195.5

中国版本图书馆CIP数据核字（2014）第286309号

书　　名：白蛇传 BAISHE ZHUAN	
项目负责：刘艳芬	
插图绘制：图德艺术　西吉文化	装帧设计：张　喆　李　佳
责任编辑：袁久强	责任印制：邝　天

出版发行：北京语言大学出版社
社　　址：北京市海淀区学院路 15 号　　邮政编码：100083
网　　址：www.blcup.com
编 辑 部：8610-8230 3647/3592/3395
国内发行：8610-8230 3650/3591/3648
海外发行：8610-8230 0309/3365/3080
读者服务部：8610-8230 3653
网上订购：8610-8230 3908　　客户服务信箱：service@blcup.com
印　　刷：北京印迪数码科技有限公司
经　　销：全国新华书店

版　　次：2014 年 12 月第 1 版　　2022 年 6 月第 7 次印刷
开　　本：850 毫米 × 1168 毫米　　1/32　　印张：3.5
字　　数：53 千字
书　　号：ISBN 978-7-5619-4023-5 / H · 14299
定　　价：29.00 元

凡有印装质量问题，本社负责调换。售后QQ号 1367565611，电话：010-82303590
Printed in China